新潮文庫

話術

徳川夢声著

新潮社版

10902

はしがき

芸道の真の名人というものは、その道に関する説明的著書など発表しないのが、むかしからの常態らしい。そんな文字を記すものは、まず、第二流の徒のようである。

そこで、こんなものを書いた私は、話術家として、第二流、第三流、もしくはそれ以下ということになりそうであるが、それも大いに結構である。この拙著を一読して、話術を私よりも一層深く真剣に研究しようという人物が、相当に出てくれて、その中から本当の達人が現われる、というすばらしい捨石《すていし》的結果をみればなおさら結構である。日本が国際的舞台を背景に飛躍しつつある現在、日本語の整備ということが、何よりの先決問題だと、私は考える。それがためには、もっと日本コトバの、話術というものが進歩発達しなければならない。現在の日本語は、実に混乱しきって、始末のつかないものとなりかけている。いろいろと原因もあろうが、まず、コトバというものの重要性を、日本人は認識しなかったこと、これが第一である。つぎに、やたらと漢字を乱用し、悪用し、拙用して、耳で聞いただけでは、解《わか》りにくい変態語となってしまったこと、これが第二である。文字にしなくても、よく解るコトバのみで、立派なハナシができるようになれば漢字制限の問題などは、自然と消滅するはずである。そのときこそ、仮名文字ばかりで読みやすい文章が書けるとき、ローマ字でスラスラとよどみなく、日本文が読めるときであろう。文字を記憶するという、馬鹿《ばか》げた労力を、それだけ有用な他の方面に向けられる。これだけでもわが国文化の向上に偉大なる効果を及ぼすであろう。

さて、それには、話術をもっと修練し発達させ、日本コトバの長所を、存分に発揮させて、正しい、強い、千変万化の表現力を、養わねばならない。舞台や、演壇でする話術も、もちろん研究の必要があるが、私は、日常の座談が、もっと深く研究されてよいと思う。私たちが、日常を楽しく語り合って暮らすことができるなら、地獄のような世相も、極楽に見えてくること必定である。などと書いたが、この拙著に、それだけの功徳《くどく》がある、というわけではない。白揚社社長の希望と私の考えがたまたま一致したので、実は大急ぎで一冊にまとめた次第。そのうち機会を見て、もっとコクのある、堂々たる一書を出したいものと思っている。

右に掲げたのは、初版が印刷されたときに、本書のために記した序文である。そのうち機会を見て、もっとコクのある堂々たるなどと書いてあるが、さて、その後くだらなく繁忙を極めて、ついにまだその実現をみない。はなはだ面目ない次第。しかし、江湖《こうこ》の需要は止《とど》まるところを知らず、すでにして二十数版を重ねた。また活字もすっかり磨滅してもう使用に堪えない。そこでいささか内容のズレ、仮名遣いなど訂正して版を新たにし、もって新版を上梓《じょうし》する。

徳川夢声

目次

話術

総説

第一章 話の本体

1 ハナシというものは実に大切

ハナシというものは、実に実に大切なものです。どのくらい大切なものか？ それはハナシというものの封じられた人生を、よく考えてごらんなさい。

ハナシは、太陽の光や、空気や、水や、あるいは食物《くいもの》や、住居《すまい》や、着ものや、そうした生活に是非とも必要なものと同じように、人間の生活には絶対必要です。

ところが、それほど大切なハナシというものが、あんまり研究されておりません。いや、少しく大袈裟《おおげさ》にいうと、まるで放ったらかしでありました。

放ったらかしの一番好《よ》い例は、私という、いわばハナシを稼業《しょうばい》にしている男が、実は研究らしい研究は、ほとんどしていなかったということです。政治家は政治を研究していますいや研究していない政治家も、日本にはありそうですが、そんなのは政治家でなくって、政治屋さんですなア。それから宗教家は宗教を研究し、法律家は法律を研究し、科学者は科学を研究し、それぞれ自分の職業は、厚薄の差こそあれ、みな研究しています。

芸術方面は、少しく話が違ってきますが、音楽家は音楽を研究し——もっともヴァイオリン弾きが、ヴァイオリンだけ研究するのは、音楽そのものの研究とは違いますけども、とにかく自分の専門は研究します。同様に美術家は美術を研究し、彫刻家は彫刻を研究し、というふうに皆それぞれ、一生懸命にやっています。

ところがハナシの専門家であるはずの私が、ほとんどハナシの研究をしていない。これはけっして、私が謙遜《けんそん》して、そう言ってるのでなく、まったくそうなんです。いったい、これはなぜでしょう?

ハナシが稼業の私にして、研究しないくらいですから、世間の人たちが、いっこう研究しないのも、何ら不思議はありません。当然なことかも知れませんが、しかし、こいつよく考えると、やっぱり不思議です。なおさら不思議だといえます。

同じくハナシの稼業でも落語家《はなしか》は落語を研究し、講釈師は講談を研究します。もっとも、落語を研究するといっても、落語という芸ソノモノを研究するのでなく、結局は「花色木綿《はないろもめん》」とか「寿限無《じゅげむ》」とか、一つ一つの落語を研究するんです。講談も同じくです。

この点、私よりも少しエライですが、しかし、彼らもハナシの根本について研究するわけではありません。

私のハナシの稼業はいわゆるマンダンですが、私はこのマンダンを研究していないのであります。私だけでなく、世のいわゆるマンダン家は、たいてい、研究していません。なぜでしょう？　それは、私たちが本来ナマケモノである、ということも一つの理由でしょうが、もっと大きな理由はマンダンというものが、落語や講談のごとく、まだ専門化されていず、つまりはまだ素人芸《しろうと》の域を出ていないからだ、と私は思います。

素人芸の域を出ていないということは、このマンダンなるものが、なかなか玄人《くろうと》になりにくいということです。なぜ、玄人になりにくいか？　それは、マンダンというものが、素人の日常の話とはなはだよく似ているからです。これを逆に言いますと、素人のだれでもが、みなマンダンを心得ているというわけです。

それなら「みな心得ているマンダン」を、専門的に研究すればよいではないか、ということになりますが、だれでも歩くことを心得ているから、それを専門に研究したらよかろう、というようなもので、こいつなかなか厄介なんであります。

——馬鹿《ばか》を言え、ワシは漫談なんか、心得てはおらんゾ！

なんておっしゃるかたもありましょうね？

では伺いますが、あなたは友達と会って、世間話——たとえば街頭での演説とか通勤電車内での出来事とかです——をして、お互いに、愉快になって笑うことはありませんか？

——そりゃ、あるさ。

そうでしょう。それが、つまりマンダンですよ。お友達と、マンダンの交換をしてるんですよ。私たちの場合は、大勢の客の前で、一方的に自分だけが世間話をしている——これだけの違いです。

ところで、あなたがたは、その世間話をするについてハナシかたの研究をやりましたか？　ハハハ、こいつは聞くだけ野暮《やぼ》でした。

——だって、何も研究しなくたって、世間話はできるじゃないか。

それはその通り。しかし、どうせ世間話をするなら、それを研究して、もっと巧《うま》くなられたら、話すあなたも、聞く友達も、両方とも一層愉快になれると思いませんか？

2　ハナシはだれでもできるもの

さて、妙に持って廻った話の進行ぶりで、皆さんも私が何を言おうとしてるのか、見当がつかなくおなりかもしれません。話というものは生きものですから、話しているうちに、私の思ってる方向から勝手にはずれて、こういうことになりがちでありま す。

言葉から言葉への転換が、いつか話の主人である私を尻眼《しりめ》にかけて、意外な方へ進んで行きます。しかし、私は手綱をちゃんと持っているつもりです。あんまり腕の好い御者ではないが、どうやら目的地へもって行く自信はあります。

いったい、前のところで、私は何を言うつもりだったんでしょう？

A　ハナシはだれでもできる。

B　だれでもできるから、研究をしない。

C　だれでもできるから、実は大変難しいものである。

まア、ざっと右の点を言いたかったのであります。

Aについては、もうだいたいこれ以上申し上げなくとも、おわかりと思います。

——だれでもというが、生れたての赤ン坊はできないゾ。唖《おし》はやれないぞ。なんて、まさかそんな抗議は出ないでしょうな。ただいま、頓智《とんち》問答をしているわけじゃありませんからね、ハハハハ。

とにかく、人間ならハナシがやれるということ、逆にいうとハナシができるのが人間という動物だ、ということになるんです。

人類が他の動物と違っている点は、火を用いること、笑うこと、着物を着ること、器具を用いること、自殺をすること（こいつはあまり感心しませんが）などいろいろとありますが、このハナシをすることも、一大特色です。考えようによると、これが一番高級な人間の特色だといえるでしょう。

すなわち、話すことにより、お互いの知識を交換し、子孫に語り伝え、さらに、話すことから生じた文字によって、一層、これらの知識が時間的に長く、空間的に広く、伝えられるようになり、そうして人類の文化が築かれたのであります。

ハナシがなかったら、人類は、何千年何万年たっても、動物界から籍が抜けなかったでしょう。

して見ると、実に広大無辺なご利益《りやく》のあるもので、同じ人間でもハナシが巧くできるほど、人間らしく進んでいるということがいえます。

——ちょっと待ってくれ。それなら「沈黙は金、雄弁は銀」という諺《ことわざ》は、どうしてくれる？

と、おっしゃりたいでしょうな。

ところが、この諺は、いうまでもなく次のような意味です。

——「くだらないお喋《しゃべ》りをベラベラするより、黙っている方がましだ。」

それはその通り、たとえば恋人同志が、静かなところで、言葉少なく、並んでいれば大いに気分が出ますが、このとき、どっちかが、あるいは両方が、ベラベラと喋り合ったら、それこそぶちこわしでしょうな。

そこで私は、誤解されやすい、この諺を場合によっては次のように変えてみたい。

——「必要な沈黙は金、必要な雄弁は白金《プラチナ》。」

も一つ、こんなのはいかがで？

——「言いたいことも適当に言えない沈黙は石ころ、言いたいことが立派に言える雄弁はダイヤモンド。」

ことに、今日の日本人は、いわゆる民主時代で暮らすわけですから、それにはだれでもかれでもみんなが、自分の思うことを率直に言い合い、自分の信念をわかりやすく他人にうなずかせなければなりません。

それには、引っ込み思案の、沈黙屋さんでは困ります。

——長いものには巻かれろ。

——出る杭《くい》は打たれる。

——なるべく目立たないようにしろ。

——他人に言わせろ、自分は言うな。

——言いたいことは、内証で言え。

こんな了見は、封建時代の遺物です。この際、さっさと捨ててもらいましょう。金銀の諺は、外国のものですが、日本にも、似た諺があります。

——「コトバ多ければ品少なし。」

この品は上品とか下品のシナの意味もあり、内容という意味もたぶんありましょう。つまり、頭のカラッポな人間ほど、口数が多いというわけでしょうな。お喋りがヒンの悪いこともちろんです。

諺ついでに、もう一つ。

——コトバは心の使い。

というのがありますが、これはハナシをしていると、その人の心がわかる、その人の人格がわかるという意味です。だから、お互い様に、うっかりしたハナシはできませんな。

3 だれでもできるから研究しない

次にBの問題です。

――だれでもできるから研究しない。

ちょっと考えると、だれでもできることなら、なおさら研究して、他人より優れたハナシをするようになろう、とこう行きそうなもんですが、それが反対です。

――あれは、だれにでもできる、というものじゃない。

となると「よし、それなら俺がやって見せよう」とくる。これが人情らしい。

だれでも歩けるから、俺は一つ歩く研究をして、他人より立派な歩き方をしよう、他人より能率的な歩き方をしよう、なんて人は世の中にめったにないでしょうが、だれでも泳げるものでないから、俺は一つ泳ぐ稽古《けいこ》をして、感服させてやろう、という人なら世の中にたくさんあるでしょう。

こういう例は、他にもあります。

これを空気を例にとって考える。空気なんてものは、地球上いたるところにあって、だれでもがこれを吸っている。もしなくなったら大変なんだが、なくなりっこないものとテンから定めている。だから、空気の有難味なんてものは、だれも問題にしない。未開時代の人間は、第一、空気なんてものの存在すら知らない。やや人知が進んでから、

——鼻や口から、出たり入ったりする、小さな風がある。

とわかってくる。さらに進むと、

——それが空気であって、それを呼吸するから生きてゆけるんだ。

とわかってくる。さらにもう一歩進むと、

——空気とは何だろう？ どういう空気がもっとも健康に好いのだろう？

と研究する人間が出てくる。

ハナシもその通り、未開時代は、言葉も動物的で至極粗末なものであったろうが、ただ本能的に反射的にハナシするだけで、当人たちはハナシあるいは言葉というものの存在をまだ認識しない。

やや進んでくると、

——こう言った方が、自分の目的を果たすに都合が好い。

と気がつき、さらに進むと、

——これがコトバというもので、これがあるから、俺たちはここまで文明になれたんだ。

と考えるようになり、さらにもう一歩進むと、

——コトバとは何ぞや？　いかなるコトバが、もっともハナシをするに適切なりや。

と研究する人間が出るわけであります。ただ、空気の場合と違うことは、この最後の研究という段階で、空気の方は研究する人がたくさんあるが、ハナシの方は研究する人が非常に少ないという点です。ことに、日本などにはほとんどいない、という方が正確に近いかもしれない。先進諸外国にはハナシの研究家は相当にあるようです。

つまり、文化の進んだ国民は、自国のコトバを深く研究し、自国語のハナシを熱心に研究しているのです。今日においても、野蛮人はそんな研究は、絶対にやりません。で、私は、遠慮なく言いますが、日本人の中で、ハナシの研究にほとんど手がつけられないでいる、ということは、それだけ一級文化国民より、野蛮人の方へ一歩近い、ということなんです。情けないではありませんか。

——しかし、日本にだって雄弁術の本や、話術の本が出ているゾ。

とおっしゃる人があるかもしれません。なるほど雄弁術の本は相当出ています。また、

話術の本、ハナシの研究書も、数多く出ていることは出ています。しかし、外国のそれにくらべると、ほとんど言うに足りません。

――「コトダマのさきはふ国」

これは、わが日本の――コトダマは言霊、すなわち言語に霊があり、雅正《けっこう》な音楽を連ねて微妙な作用をする――ことですが、その言霊幸国とまで、私たちの祖先は、日本の言葉を尊び、それを誇りとしてサキハフ国とまで言っているのです。

その日本で、とかくハナシということが粗略に扱われ、どうかするとハナシに侮蔑《ぶべっ》の念すら抱くにいたっては、言語道断であります。思うにこれは、長期にわたる封建制度が、庶民の口をふさぐため、下級武士に不平をもらさせぬため、幕府の圧制がそういう風習を無理に作ったのでしょう。よろしく私たちは、今日の日本に、再びコトダマのサキハフ国を実現し、日本のコトバを是正し、日本語のハナシカタ、すなわち話術を研究しようではありませんか。

4　だれでもできるから実は難しい

Cのだれでもできるから大変難しいということ、これだけでは謎々《なぞなぞ》みたいであるが、これを、も少し長く言うと、

──だれでもできるから、したがって普通一般より感心されるほど、上手にハナシをすることは難しい。

と、こうなる。

私は漫談家として、あるいは放送の物語家として、まァ自分でいうとヘンなものですが、第一流とか、場合によると第一人者とか言われている。とにかくこの道の専門家ということになっています。

それがです。ときどき次のような、滑稽な、ひどい目にあいます。

私が一席やりまして、そのあと主催者側との会食などあるとき、

「うちの工員で松木というやつがいますが、こいつ漫談の名人でしてね、仕事はダメだが、漫談をやらしたら、先生ぐらいやります。」

とか、あるいは、

「隣村に勘太郎ちゅう野郎がいるが、この野郎と先生と掛け合い話やらしたら、面白かんべえなァ。そりゃ、先生サンはもうウメえにきまってるが、勘ノ字もどうしてなかなかやるからなア、ことによるとはア、先生もアホられちゃうかもしれねえぞ、ハッハッハ。」

などと情けない目にしばしばあうのであります。

痩せても枯れても、私は専門家、くどいようだが第一人者とか、ときによると大御所なんて声が掛かる人物ですぞ。それが、日本中どこの工場へ行っても、どこの村へ行っても、たいていの場合、私と同じくらいの、巧いハナシ手が存在するんだから、ごあいさつに困るのであります。

つまり、ハナシとかマンダンというものは、日本中に名人がザラにいて、第一人者が充満してるわけです。

さて、その名人や、第一人者を、かりに演壇なり、舞台なりに立たせて、拝聴してみると、どうもあんまり感服できない、いや感服できないを通り越して、なっていない場合が多かろうと思われます。そういう実例に、私は何度もぶつかっているんです。

これがもし、他の芸能であったら、たとえば義太夫《ぎだゆう》とか、長唄《ながうた》とか、清元などでしたら、そんな現象は起こらないでしょう。

古靱《こうつぼ》太夫の義太夫を聞いたあとで「うちの工員には、太夫ぐらいやれるのがいる」なんて冗談にも出ない文句でしょう。杵屋《きねや》六左衛門の長唄のあとで「おらの村には、師匠と掛け合いでやらせてえ名人がいるだ」なんてこともありますまい。

いや、そんな名人上手でなくとも、ほんの三カ月稽古した芸を聞いても、稽古をしたことのないズブの素人なら「とても、俺にはできねえ」と感服するでしょう。というのは、それがだれでもやれるというものでないからです。お稽古というものを、多少なりやってからでなければ、できない芸だからです。

ところがハナシは、だれでもやれる、お稽古なんか要らない。極端な例をあげると、マンダンなどは、本職の私が第一お稽古なんかしていない。私に限らず、多くの漫談家が、いきなり公衆の前で喋る。いきなりといっても、そりゃ頭の中で話す内容については、考えてありますけれど、それを口に出して練習するということは、まずほとんどない。これは一つは漫談というものの性質上、何度も練習したりすると、ある種の味わいがなくなるせいもありますけれど。

それでは、漫談の本職と素人とどこが違うか？

まず、本職になるくらいですから、工場の第一人者や、村の名人と同様に、生れつき普通人より、話すことが面白く巧い、という人間が本職になっていること。

次に、素人のマンダン家よりも、比較にならないほど、余計に公衆の面前で実演していること。つまり場数を踏んでいること。この場数を踏むということ、経験を重ねるということが、本職にとっては大きな条件になります。

次に、本職ともなれば、それで生計を立てているのですから、四六時中機会あらば、材料に目をつけていること。もっとも漫談家は、多く怠け者ですから、実は四六時中とは行きませんけれど、少なくとも素人の漫談家よりも、それに頭を使っています。

ざっと以上の三点が、本職のでき上がる条件であります。ところが、考えてみると素人の中にも、この三点を具備している人は、日本中にはたくさんいるわけで、したがって本職と素人との差は、突きつめて言うと、

——それによって生計を立てるか否《いな》か。

というところまで行きます。

さァ、そうなると本職と素人問題は、ウマいか、マズいかの問題に、かかってくるわけです。本職はウマくて、素人はマズいと、こうハッキリ定まれば、問題は簡単ですが、それがなかなかそう行きません。

事実、私どもが聞いていても、素人の巧い人より、はるかにまずい本職がありそうです。もちろん、おしなべて言えば、本職の方が巧い、と私は思いますけれど。

しからば、その巧拙の標準はいかに、と言われると私も当惑するのです。聞いてみて、これは巧い、これは拙《まず》い、と感ずるだけで、別にメーターみたいなものがあるわけではありません。

これは、ハナシに限らず、演芸と名のつくものは皆そうですが、巧拙、優劣の差を

つける方法がないのであります。この点、運動競技の大部分、マージャン、碁、将棋などは、明確に勝負が決し、優劣が定まるから、議論の余地がなくて結構です。

そこで、芸道には必ず天狗《てんぐ》というものがつきものになります。俳優でも、音曲師《おんぎょくし》でも、落語、講談はもとより、童話家から、声色《こわいろ》使いにいたるまで、テングが充満しています。

――天狗は芸の行き止まり。

と申しますが、この行き止まりの、突きあたりの、自惚《うぬぼ》れ先生がたが、無数に存在するのであります。いや、囲碁や将棋のように、勝負の歴然たるものですら、このテング熱に冒されている人たちが多いのですから、いわんや、芸道においてをや、さらにいわんや本職と素人の境界がハッキリしないハナシ道、マンダン道においてをや、というわけです。

ですから、本職のハナシを聞いて、一般の人々があまり感心せず、素人の天狗連が聞いて「なンだ、あんなの俺の方が巧いや」と思うのは、少しも不思議でなく、したがってこれで感服させるのは、実に容易でないということになります。

――ハナシほど楽にできるものなし。

――ハナシほど骨の折れるものなし。

この二ツの相反している言葉が、話術の上においては、両方とも本当なのでありま
す。

第二章　話の根本条件

1　人格と個性

文は人なり

という言葉がある。話はその文の親だから、

ハナシは人なり

ともいえるわけです。

コトバは心の使い

という語は、すでに申しましたが、まったくその通りで、ココロがそのまま言葉になって現われ、ハナシとなって、人の心に働きかけるのであります。

ですから良き話をするには、良き心をもっていなければなりません。いくら口先だ

けで、好《い》いようなことを喋《しゃべ》っても、心の醜さは、どうしてもかくせるものではありません。

生臭坊主《なまぐさぼうず》が、いかに有難そうなお説教をしても、愚男愚女にあらざる限り、けっして惑わされるものでありません。

良い話をするには、別に雄弁を必要としません。訥弁《とつべん》でも、場合によってはドモリでも、心の良い人は、良い話ができます。たとえば、幼児の語るハナシがそうです。まだ、ロクに舌も廻らず、知ってる言葉の数も至ってわずかであるにもかかわらず、思わず大人が聞き耳をたてて、なんともいえない好い心持ちになるだけの、ある話術を有しています。つまり幼児の心は、神に近いからです。

もちろん、心が良き人で雄弁なら、それに越したことはありません。お釈迦《しゃか》様などは、経文《きょうもん》の伝えるところによると、大した雄弁であったらしい。イエス様も、山上の垂訓など、天才的の話術家です。しかし、このお二人は伝説中の人物で、あまり適切な例でないかもしれません。

新渡戸《にとべ》稲造《いなぞう》、福沢諭吉などという人々は、心も良くして雄弁だった実例でしょう。大隈重信《おおくましげのぶ》、犬養毅《いぬかいつよし》、島田三郎、尾崎行雄、永井柳太郎など、むかしの政治家には、雄弁家が多い。ですが、しからば、これらの人々が、良き心の持ち主であったかどうか、それは疑問であります。けれども、こうした人々は、いずれも個性の強い演説をやっています。善悪にかかわらず、自分自身の人格を、まともにさらけ出して語っています。それが、この人たちを雄弁家たらしめたのであります。だから、彼らのハナシすなわち演説は、良き演説とはいえないかもしれない。しかし、聴衆を感動させる演説であったことは確かです。個性の魅力が、聴衆を縛りつけたのです。

落語家で三代目柳家小さんという人がありましたが、この人の落語は素晴らしいものでした。人間としても立派な、善良な人物でしたが、その落語の巧《うま》いことも一通りや二通りではありませんでした。

さて、この三代目が死んで、三代目のやった通りに、一言半句も違わず、同じ芸題《げだい》をやる者が、何人かありましたが、一人として故人の足元へとどく者すらありません。芸の段が違うこと、もちろんでしたろうが、真似《まね》で演ずる者が、いかに上手に真似ても、それは聴衆を動かしません――なぜなら彼らの芸には個性がないからです。人格もまたひどく段違いときては、これまた芸の上にマイナスを加えます。

私たち話術家仲間に楽屋名人という通語《とおりことば》があります。楽屋で喋っていると、実に面白くて、そこに控えている先輩も後輩も、苦しくなるほど笑わせられる。それが一度舞台へ立つと、さっぱり面白くない。もちろん、客にあまり受けない。

「はて妙な男だなァ、楽屋であんなに面白いのが、どうして客の前へ出ると駄目になっちまうんだろう？　せめて、楽屋で話す三割ぐらい面白ければ、大した人気者になるんだがなァ。やっぱり舞台度胸がないせいかな。」

と、仲間の人たちが首をかしげる。当人に舞台度胸がないこと、これも大きな原因だが、も一つ重大な原因があります。それは楽屋で喋ってるときは、当人の失敗話とか、近所隣りの見聞とか、自分の材料で、自分が勝手に演出してやるから、個性の面白さが縦横に発揮されるわけです。ところが、舞台へ出ると型にはまった話をする、客を気にかける、巧く話そうと思ったりする――そこでせっかくの個性が殺されてしまう、そこでさっぱり面白くない、とこういうことになります。

日常の世間話をしても「山田さんの話は、ほんとうに面白い」と言われるようになるのは、知らず知らずのうちに、山田さんの個性が活躍して、相手を魅するにいたるからです。

よく、嫌われもしない代りに、好かれもしないという、芸人がありますが、これなども個性が弱いからでして、こういう人は永久に人気者とか大看板《おおかんばん》にはなれません。

一般の芸人というものは、それをムキになって支持する客があるとともに、ムキになって嫌う客があるものである。万人から支持されたら大したものですが、そうは問屋がおろしません。

ムキになって支持するのは、彼らがその芸人の個性に、すっかり魅せられてるからで、その個性が気に喰わない人たちは、反対に大嫌いとなるわけです。

若いときに、クサイ芸だ、気障《きざ》な男だ、と言われるようでなければ、大成するものでない、という説もある。これも多分の真理を含んでいます。クサイということとキザということ、どちらも個性が強烈な香りを放ち、個性が異様な光を放つからです。晩年は禅坊主の如《ごと》く、淡々たる境地に入った、明治落語の名人、三遊亭圓朝でも、若いときは実にクサくてキザで、通人《つうじん》から見るとやりきれない代物《しろもの》であったそうです。

――ハナシは人格の表識。ゆえに、他人から好意を持たれる人格を養うべし。あえて聖人たれとは申さず。

――ハナシには、個性が絶対必要なり。

2　言葉の表現

話はコトバの建築であります。掘立小屋のようなハナシもあり、ビルディングのようなハナシもある。掘立小屋とビルディングでは、大きさも違いますが、それに使用する建築材料も違います。

ですから、当人はビルディングみたいな話をするつもりでも、材料のコトバが、あいにく小屋用の物だったら、とてもビルにはなりません。

さて、掘立小屋の材料で、他の物を造るとします。塀が造れます。物干台が造れます。梯子《はしご》が造れます。踏み台が造れます。その他いろいろ造れましょうが、どっちにしても大したものは造れません。

ところが、ビルディングを建てる材料があれば、それで大橋梁《だいきょうりょう》もかけられます。要塞《ようさい》も築けます。ダムも造れます。すなわち、こと国家の安危にかかわるような大きな物が造れるのであります。

また、同じビルにしても、百貨店用か、事務所用か、工場用か、アパート用か、発電所用か、ステーション用か、それぞれの用途に従って自由自在に変更できます。

ですから、どうせ建築事業をやるなら、ビルディングを建てるだけの材料を揃《そろ》えておいて、そのときの目的次第で、あらゆる種類の建築をやってみたいものです。

ハナシの建築もその通り、コトバの材料さえ揃っていれば、いかなる目的をもった話でも、自由自在なわけです。もちろん、材料だけでは、建築になりません。話術という技術を採用しなければ、材料が積んであるだけで、そんなら大字典を一冊おけば、それですみます。大切なのは、この大字典にある無数の言葉の中から、どういう言葉を選び出すかということです。

その選び方は、ハナシの有する目的によって、左右されます。目的のない話なんて、寝言か、狂人のタワゴト以外にありません。酔っぱらいのクダにしても、結構、クダをまくだけの目的はあるものです。

このハナシの目的を、まず三ツに分けますと、
自分はこう思う、だからこうする、だからこうしてもらいたい、だからそうしては困る、というふうに、

——意志を伝える。

なんという嬉《うれ》しいこと！　なんという悲しいこと！　素晴しい景色ですなア！　あんな怪《け》しからん奴《やつ》はいない！　というふうに、

——感情を伝える。

2＋2は4である、これがエロというものです、借金は返すものなり、というふうに、

——知識を伝える。

この三ツの目的が、単一のときもあり、交りあう場合もある。したがって、実際問題としては、ハナシもこうハッキリ分れていない場合が多いが、要するにハナシの目

的は、こちらの思っていることを、相手に伝達するにあります。もちろん、ただ伝達したただけで、相手方にその結果が現われなければ無意味ですが、もしもこっちの思うことが、完全に伝達されたなら、相手方に起こる結果も、こちらの思い通りであるはずです。

ところで、難しいのは、この思うことを完全に伝達させることなのです。完全に伝達させるためには、思うことを完全に表現しなければなりません。完全に表現するがためには、完全なコトバの組み合わせが必要なのであります。こいつが、言うべくして実は、ほとんど不可能に近いことなのであります。

一つの事態を表現するコトバは、一つしかない。

これは昔から言われている文句なのですが、この宇宙の森羅万象を、いちいち完全に言い表わすためには、丸ビルほどの大きな字引を造っても、のせきれないほどのコトバが必要でしょう。人類のコトバは、まだまだ、そこまでは行っておりません。

そこで、比較的完全に近い表現で、今のところ我慢するより仕方がありません。が、これがまたなかなかの難事なのです。これがやれたら、すなわちハナシの名人です。しからば、いかにすれば名人になれるか、と言いますと、できるだけたくさんの必要な言葉を知り、できるだけ的確に、それを使用する術を学ぶのであります。

では「必要な言葉」とは何と何か？

また「使用する術」とはどういう術か？

それは、ハナシの分野によって違ってくるから、一概にこうとは言いかねます。

とにかく、コトバの勉強をすること、そしてさまざまの経験によって、その使用法を会得《えとく》すること――それには読書も必要、落語を聞くも結構、ラジオに耳を澄ますのもよろしい。また友人知己、家族の者との会話にも、その心がけで気をくばる。機会があれば、自分で演説するも結構、素人芝居《しろうと》もやるべし、談判ごともよろしい。いつもその心がけを忘れずに、研究的な態度をもつ。

コトバ、ことに、美しい言葉、強い言葉、正しい言葉、これをよく頭に刻み込む。

――豊富なるコトバの整然たる倉庫たれ。

――コトバを自在に駆使する騎手たれ。

3　声調と口調

ハナシは、口より発する声でやります。

「目も口ほどにモノを言い」

という諺《ことわざ》がありますから、目も話の補助機関になり、

「鼻にかけたるモノ言いぶり」

と申しますから、鼻もその通り、いや、そういえば、表情動作のあるところ、身体《からだ》中全体が、ハナシの助演者となります。

が、主役は口であり声であり、その演出者が頭脳というわけでしょう。

口だけでも芝居にならず、声だけでも芝居にならず、この両者の熟練した熱演と、その上、身体中に存在する大小のワキ役、端役《はやく》がそろって、はじめて豪華なハナシの舞台が見られます。

物理学的にいうと、肺臓から出る空気が、声帯を振動させて、弦楽器の如く高低強弱さまざまの音響を発し、これが口腔《こうこう》とか鼻腔の管楽器的変化につれて、コトバの音波となり、それが相手の耳に入り、鼓膜の小太鼓を振動させる。音楽で申すと、弦楽器と管楽器と打楽器がそろっている、オーケストラみたいなもんですな。

まず、声について申しましょう。

声は、各々《おのおの》の人によって大小強弱、十人十色の別があり、また個人の場合でも、関節如何《いかん》によって大小強弱、五色の声が出せます。

生れつき大声の人もあり、小声の人もあり、強い声、弱い声、いろいろあるわけですが、これは無論、心がけ如何、習練如何である程度まで直せるものです。

ハナシをするには、大きい声、強い声、美しい声の方が、小さい声、弱い声、イヤな声よりも、具合が良いこと、言うまでもありません。

お釈迦様などは理想的な声だったらしいですな。経文には「梵音《ぼんおん》深遠ニシテ迦陵頻伽《かりょうびんが》ノ声ノ如シ」とあります。もっとも、よほど大きい声でないと、高さ二万里で、広さ一万里平方の演壇から、一切衆生《しゅじょう》にお説教するわけにはいきません。無論、当時はマイクロフォンはなかったのでしょうから、肉声でおやりになったんでしょうが、実に大したもんです。しかも、カリョウ、ビンガという人頭鳥身、顔は絶世の美人で、身体は美しい鳥で、なんともいえない良い声だそうだが、お釈迦様はそういう美しいお声だったという。そうして、「獅子吼《ししく》」されたと法華経《ほけきょう》の文句に記してあるから、強い力をもったお声に違いないです。世界の歴史伝説の中で、これ以上の大雄弁家はないようですな。

釈迦も果して実在の人物かどうかは、私は問題にしていません。ただ、これらの経文によってハナシの雄弁家の理想型が、完全に描写されているところを三嘆するのです。

たとえば因果経の「口ニ四十歯アリ」という文句は、歯が一本も欠けていないことを言ってるわけですが、これなどは私を唸《うな》らせる文句です。近来私は、歯がだんだん欠けてきまして、だんだん喋りにくくなっております。幸いにして、前の方は上下ともそろっていますから、まだしも救われていますが、もし前歯が欠けたら、入歯でもしないと、稼業《しょうばい》アガったりです。坊さんが読んでるお経はチンプン、カンプンのニャアニャア、ニョウニョウですが、こうして翻訳された言葉を見ますと、つくづくエライ文章だとわかります。

さて、その声帯の調節と、口腔とか鼻腔の調節は、いかにして練習するか？

日常ハナシをするときに、絶えずその心がけ――正しく喋る、美しく喋る、強く喋る、という心がけ、それを忘れずにいること、機会あって演壇に立つとき、舞台に立つとき、その心がけを忘れぬこと。これは、一人なり多数なり、とにかく相手がある場合。

相手のない場合、私が第一番にすすめたいのは、本を朗読することです。

童話が巧くなりたいと思う人は、童話の本を、目の前に子供が聞いてるつもりで、話すように読む、恥かしがらずに、相当大きな声で読む。落語、講談の類は速記本で、自分が高座にいるつもりで読む。演説が上手になりたい人は、演説の速記文を、演壇にいるつもり、議会にいるつもりで読む。

読むというより、語るのですが、ただ漫然と読むのではなんにもなりません。言葉の内容をよく頭で消化しつつ、いろいろの想像力を動員して、自分がもっとも効果的であると信ずる読み方をする。すなわち、大きな声を発するところ、至極つぶやくようにやるところ、明るい調子で読むところ、暗い気分で読むところ、早口に急調に流すところ、ゆっくり、のんびりと行くところ、というふうに神経を働かしつつ読むのです。

一冊の本を、そういう方法で通読するも結構、一部分に念を入れて何度も反復してみるのも結構です。

——良き声、好き歯切れ。

——能《よ》く調節されたコトバの流れ。

4　間の置き方

この問題は、あるいは前の条《くだ》りに含まれる問題かもしれない。しかし、非常に重大なことであるから、独立させて申します。

ハナシにとって、コトバを並べることは絶対条件であるが、そのハナシに生命を与えるのは、今まで述べきたった、いろいろの条件が必要であります。そしてその生命を潑剌《はつらつ》として元気あらしむるためには、も一つ肝腎《かんじん》な条件が潜んでいるのです。

ハナシというものは、喋るものですが、そのハナシの中に、喋らない部分がある。これを「間」という。こいつが、実は何よりも大切なもので、食物にたとえていうと、ヴィタミンみたいなものでしょうが、直接、ハナシのカロリーにはならないまでも、このヴィタミンMが欠けては、栄養失調になります。

「そんなことは、わかってるよ。ベラベラとヒッキリなしに喋らないで、ときどき、言葉を休んで合間を造ることだろう。」

とおっしゃいましたね。左様、それも私のいう「マ」の一種であります。しかし、それなどは「マ」の中のもっとも初歩のものでして、喋り疲れたらだれだって、呼吸を休めますからね、そんなことを言ってるんじゃないです。

ただ生理的に無神経に、言葉と言葉との区切れをつけるのでなく、張りつめた神経を鋭敏に働かして、レーダーの如く、正確無比に適不適を計るところの「沈黙の時間」なのです。

かつて、放送局で琴の名人今井慶松《けいしょう》師に会ったとき、師は、私の放送「宮本武蔵《むさし》」を毎回聞いている、と言われた。同様のことを他の人たちからも私は言われたことがありますが、その人々の「実に面白い」とか「大いに愉快だ」とかいう顔つきと、今井師の顔つきが違ってるのであります。そこで私は、少し異様に感じたので、

あの種の物語はお好きですか、という意味のことをたずねた。すると、

「あれを伺っておりますと、気合の勉強になります。」

と、意外の答えを得た。私はちょっと呆気《あっけ》にとられた形だったが、次の瞬間ハタと膝《ひざ》をうつ思いで、この名人の心構えに感服した次第です。

この場合「気合」と申しても、武蔵がエイッ！と叫んだとか、小次郎がトォッ！と叫んだとかいう、あの気合ではありません。

この「気合」はすなわち「マ」の意味だったのであります。すなわち、今井師はこの一つの物語放送から、自分の芸術に必要なものを、研究していたわけです。

なんだか、手前味噌《みそ》のようで恐縮でありますが、大変面白い話だと思うので、ありのままを申しました。これを、私でなくだれか他の人の話に変えて、とも思いましたが、かえって小細工はいけないと思ったので、自慢話のようなことになりました。なァに、実は今井師の方では、

——ムセイ君の物語を聞いていると、マを外すのは、どういう場合かと、たくさん実例がわかるんでね。それで勉強になるんですよ。

てなふうに考えているのかもしれません、いやまったく。そうなると、私は、とんだ恥を天下にさらしているわけです。ハッハッハ。

ハナシに限らず、芸術と名がつくものには、音楽はもとより、美術、彫刻、文学、演劇、みな「マ」が、重要な位置を占めています。目立たない、目に見えない重要な位置をです。

日本画を例にとってみますと、ここに一幅の名画がある。尺五の紙に、赤い唐辛子が二本描いてある――それっきりで、あとは画家のサインと印があるだけ、なんにも書いてない白紙です。せっかく、まだたくさん書くところがあるのに、もったいない話だ、などと思ったら落第です。それが名作である以上、その空白も一杯に詰まっていて、一点の加筆もゆるさないはずであります。同時に、その二本の唐辛子が、上下左右、どちらに一分一厘《りん》動いても、画面全体の調子がくずれるはずです。

つまり唐辛子と、広い空白とが、動きのとれない調和・バランスを保っているからであります。ハナシで申すと、唐辛子やサインや印が喋ってる部分、空白が喋らない部分であります。すなわち、この空白が「マ」なのであります。

「じゃア、ベタ一面に描いてある、西洋の名画は、マがないじゃないか？」

という疑問が出ましょうね。なるほど油絵具は隅から隅まで塗ってあります。何か描いてもあります。しかし、焦点はちゃんと定まっていて、日本画の空白に比すべきところは、画面のいたるところに置いてあります。バランスが、みごとにとれています。

「マ」がちゃんとあります。

彫刻も然《しか》りです。乳房のふくらみを、美しく表わすためには、その周囲に「マ」の役をつとめてる部分が、必ずあるわけです。それなくしては、乳房が彫刻家の想《おも》う通りに、ふくらみません。

こう考えて参りますと、「マ」とは「沈黙」なり、では誤解を生ずるかもしれません。

——「マ」とは虚実のバランスなり。

こう申すと、また別の「マ」の面が、おわかりかと存じます。

久保田万太郎氏は、

「忠臣蔵の四段目は、マの芝居ですよ」

と言われたが、あの長時間の幕に、台辞《せりふ》は非常に少ない。判官が切腹するというだけで、一幕のほとんど全部が済んでしまう。かりにこれを六代目（編集部注　六代目尾上菊五郎のこと）がやると、あの長い時間を、満場水をうったる如くもたせるが、大根役者だと、その半分の時間しかもたない、その上客は大ダレとなる。要するにいわゆる「マ」がもたないのです。

芝居ですから、沈黙していても、いろいろ表情動作がある。この表情動作に、やはり虚実のバランスがあるわけです。

高座に落語家が出てきました。彼は、高座に姿を現わし、中央まで歩いて、座蒲団《ざぶとん》にすわり、お辞儀をしました。

ただこれだけで、この落語家は巧いか、拙《まず》いか見物にはわかってしまいます。たったそれだけの動作、あるかないかの表情、その中にバランスの破れたところがあったら、これはもう拙いに決まっています。一人二人では鈍感な客も、大勢そろうと一種の連鎖反応が起こるでしょう。群集心理というものは、恐ろしい「勘」をもつものです。

ですから、ハナシをする場合、コトバだけの研究では足りません。そのコトバにもたせる「マ」の研究、話している間の表情動作すべてにわたるバランスの研究、そこまで行かないと満点とはいえません。

では、その研究はどうするんだ？

答えは平凡です。たくさんの経験をつむこと、絶えずその心構えでいること、これです。

「何か〝マ〟の簡単にわかる虎《とら》の巻はないかい？」

だって？　そんなものはありませんよ。何しろカンの問題ですからネ。

カンといえば、この勘を側面から説明する一つの例があります。「勘」の問題で、同時に「間」の問題ですが、ここに野球の名外野手がいるとします。打者がカーンと打って、いや洒落《しゃれ》ではありませんゾ、カーンと打って大フライになりました。そのとき、この名外野手は飛んでくる球なんか始めから見ていません。カーンときたとたんに、彼の鋭いカンで、いきなり後ろ向きになって走ります。走って走って走り止《や》んだと同時に、グローブを高くあげて、みごとこの大フライを受け止めました。

どうです、その大喝采《だいかっさい》！

カーンと鳴って、発止《はっし》と受けるまでの時間を、つまり「マ」をですな、この選手は彼のカンで計っていたわけです。そして、その正確さに対する、観衆の快感が、喝采となったわけです。

ハナシの場合でも、この「マ」が正確であるとき、聴衆は快感を味わい、陶酔の境地にまで入るのであります。いいかえれば、バランスに対する快感です。

断っておきますが、バランスがとれてるということは、動かないでいることではありません。空港でジェット機が飛び立つのを見て、

「やァ、綺麗《きれい》だなァ！」

と思わず、あなたは叫ぶでしょう。あの型、あの輝き、あの速力、これらのバランス

にわれわれは酔わされたのです。

――「話術」とは「マ術」なり。

――「マ」とは動きて破れざるバランスなり。

5　ハナシの分類

一口にハナシといっても、それには各種の行き方があるわけで、その種類に従って、ハナシのコツが多少ずつ異なることは言うまでもありません。

では、どんな種類があるか？

まず大別して、個人対個人の日常話と、一人対衆人の演壇話とに分けることができる。もちろん、両方にまたがった、ハナシの場合もありますが、便宜上この二種に分けましょう。

次に、個人対個人のハナシを、さらに三種に分ける。

第1が「座談」であります。友人同志が、いろいろと用談をしたり、世間話をしたりする。初対面の人と話をする。家族の者同志で、睦《むつ》まじく語り合う、などです。

第2が「会談」であります。同窓会とか、御通夜《おつや》とか、宴会とか、とにかく数名以上が会合して、話を交える場合です。大勢集まってはいても、おのおのが個人として随時に語り合う。同じ会談でも、一人が特に立たされて何か言う場合は、少々演壇話に近くなりますけれど、やはり個人の資格で語る場合は、日常話と見てよろしいでしょう――演壇話の場合は、公人として語るのでありますから。

第3が「業談」であります。商人の方が、客を相手に話す場合、新聞記者が、種とりに行って先方と話す場合、電車の従業員が客と応談する場合、こうした、すべて自分の職業を元とした対談はこの項に入ります。

次に一人対衆人の場合、これも三種に分けます。この場合は、前にも申した通り、聞き手が多数いても、自分の愚痴を語ったり、自分の利益を希望する話などは、演壇話の中へ入れません。とにかく公人の資格で壇上なり舞台なりへ立つ場合です。もちろん、街頭で論じても、畳の上で語っても、政談演説とか、お説教とかは、この部に属するわけです。

第1が「演説」であります。自分の説を述べるのであります。他人の説を述べる場合も、自分がそれと信じて、多くの人々にそれを伝える場合は、やはり演説です。ですから学術の講義なども、この部類に入ります。

第2が「説教」であります。演説と似た点がありますが、演説は主として自分の意志を達するのが目的、説教は主として自分の信仰を弘《ひろ》めるのが目的、演説は主として聞く人の知に訴え、説教は主として聞く人の情に訴えます。

第3が「演芸」であります。講談、落語、漫談など。漫才も、二人掛かりで一人の滑稽《こっけい》人格をつくり、もって聴衆に接する、と見ればやはりこの部です。童話も、面白いことを目的とする以上、この部です――しかし教化を専一に心がける場合、童話は道話となって説教の部に属するかもしれません。

以上の分類を図にしてみますと、次の頁《ページ》のようになります。

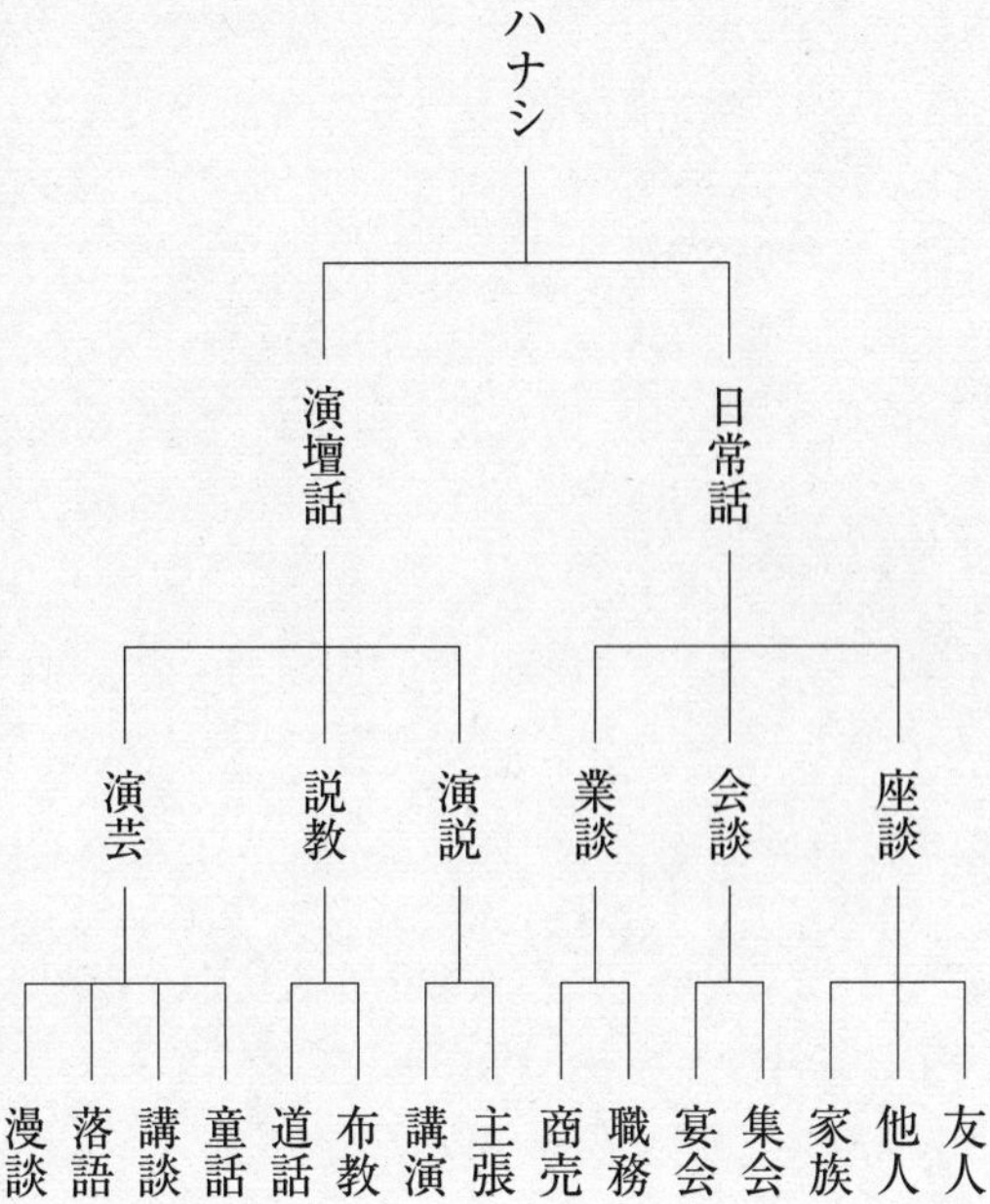

もっと適当な書き方、並べ方があるかもしれません、いや必ずあるでしょう、が、とりあえずこれで我慢して頂いて、この図に従って右の方から順々に、話を進めます。

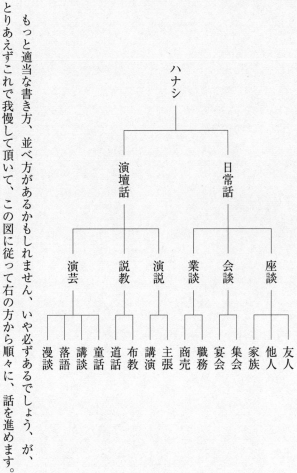

各説

第一章　日常話

◉座談

親友同志の座談法

「君が、現在一番楽しいことは何だ？」

という質問を受けると、私は、

「気の合った友人と、雑談をとり交すことだ。」

と答える。これはもう、よほど以前から、私の動かない答弁となっています。

天気の好い日――いや天気の悪い日でも、雑談の楽しさは、天気の悪さを忘れます――、渋茶など啜《すす》りながら、あれば塩せんべいでも噛《かじ》りながら――南京豆《ナンキンまめ》でも飴《あめ》でもよろし！――、なんの拘束もなく、話題の流るるにまかせて、言いたいことを言う。

これぞ地上の天国ですな。

文学、美術、ときには哲学、科学、映画、演芸、演劇、放送、ときには骨とう、スポーツ、それから政治、宗教などから旅行、園芸、恋愛、病気、財産、それから酒、煙草《たばこ》、料理、お菓子、というふうに、あらゆる話題が、とりとめもなく、奔放自在に展開される。他人が聞いたらなんと評するかわからないが、当人同志は座談の醍醐味《だいごみ》に陶然として、時の過ぐるを忘れてしまいます。

このごろのご時世では、どうしても世界平和のこと、スポーツのこと、強盗殺人のこと、汚職のこと、税金のこと、などが否応《いやおう》なく話題に出てくる。本来なら、気分の重くなるような題材でも、気の合った親友同志が、ものの三十分も話していれば、胸が開けて明るい気分となれること妙です。ハナシというものは、場合によってハイセツでもあるからです。

今の世の最大娯楽、最大健康法は、実にこれだと私は申したい。

ところが、世人のこれを軽視することは甚だしく、座談を少し勉強しようなんて人は、このごろになって、やっとポツポツ出てきた始末です。

「昨日は、せっかくの日曜日を、友達と無駄なお喋《しゃべ》りでつぶしてしまった。映画でも見に行けば好かったのに、惜しいことをしたよ。」

などと言う人がありますが、無駄なお喋りというものは、いやしくも友達と語り合う以上、私に言わせるとあり得ないことです。日曜を一日つぶすほど、話題があったのなら何らかの意味でタメになっているはずです。全然無駄なお喋りは、そう長く続けられるものでありません。おそらく、このごろの映画では、映画を見る方が、無駄な場合が多いでしょう。

それとも、ご自身が言う通り、ほんとに無駄な話ばかりだったのなら、それはハナシの罪でなく、ご当人の罪です。も少し勉強して、ハナシが無駄にならぬよう、心がけて頂きたいものですな。

ところで、友人同志ことに親友同志の話は、タメになろうとなるまいと、面白かろうと詰まらなかろうと、いわば自業自得《じごうじとく》で、当人たちがそれで好いとおっしゃるなら、それも結構、そういう人たちは物好きに『話術』などという本も読まないでしょうから、問題外として、多少にかかわらずハナシの上達を心がけている方々のために申しますと、いかに親友同志でも、やはり話術が必要であり、その心得のあった方がお互いの幸福を益《ま》す所以《ゆえん》です。

知人関係の座談法

で、次に親友というほどでもなく、赤の他人で初対面というでもなく、通り一ぺんの知人程度の間で、対談の場合を述べます。この場合におけるハナシカタは、親友同志の座談、あるいは初対面の座談にも参考となることが多々あります。

A・教養が深く見聞が広く、話題が豊富であること

対談する二人が、二人ともそうであれば一番よろしいこともちろんです。そうでなくとも、一方がその通りであれば、この対談はけっして退屈することはありません。たとえば、地方の青年が東京の大先輩を訪ねて対談するというようなとき、青年はときどき相槌《あいづち》を打って、大先輩の語るところを聞けばよろしい。もっともこの大先輩、教養も深く見聞も広く話題も豊富だが、いかんせん話術がゼロである場合は、青年はシビレを切らすだけになりますが。

B・共通の話題を選ぶこと

かりに大学教授と、農村の老人とが、同郷同村のよしみで、ときどき、対談するとします。この場合、両方とも俳句に趣味をもつとか、両方とも胃病を患《わず》らっているとか、両方とも養子であるとか、何か共通したところを話題にすれば、ハナシに油の乗ること請合いです。むろん、談たまたま故郷に及べば半日語っても尽くることなしでしょう。これに反し、教授の方はカントを講じ、老人の方は肥料の造り方を論じていたのでは、この対談、ものの十五分ともちますまい。

C・相手の話をよく聞くこと

「話し上手は聞き上手」という諺《ことわざ》がありますが、聞くことの名人は、座談の半名人であります。

①話の腰を折らないこと

相手が話し終ってから、こちらの話を始める。せっかく面白い話をしようと相手が意気込んでいるとき「いやソレはねえ」などと、途中からこっちの話をやり出したり、くだらない半畳を入れて相手の意気をくずしたりすることは、何よりの禁物であります。

②「マ」と気合を外さずに

相手の語るところに従って、巧みに「なるほど」「ああそうか」「まさか!」「これは驚いた」などと、前に申した例の「マ」を外さずに相槌を打つ。また、要所々々に「ふむふむ」とか「ははァ」とか「いやァァ」とか気合を入れて行く。

これを巧みにやってもらうと、下手な話し手も知らず知らず、面白く語るものです。これは、話の場合と違うが、かつて私は浪曲を放送したことがある。大晦日《おおみそか》の晩の隠し芸大会でした。浪曲は、子供のころ熱心に通いましたが、実は隠し芸というほどやれるわけでなく、出鱈目《でたらめ》に唸《うな》ったのです。ところが、このときの三味線がお八重女史という、日本一の定評ある名人でした。するとどうです。好い加減にちょっと合わしてみて、すぐマイクの前に立ったのですが、この名人が神業《かみわざ》の如《ごと》く三味線を弾き「おオオッ！」とか「はァッ！」とか気合をかけてくれると、自動的に私の咽喉《のど》を活躍して、自分でも思いがけない好い節が出て、お蔭《かげ》で大喝采《だいかっさい》を博しました。つまりお八重女史の三味線は素晴しい聞き上手の役目をしてくれたわけです。

次に聞き手は、自分の表情動作に注意しなければなりません。これもやはり話術の一部です。

③話し手の眼を見ること

一生懸命話しているのに、聞き手が天井を見たり、庭を見たりしていて、ちっとも話し手を見てくれなかったら、話す熱もさめてしまいます。

そうかといって、始めから終《しま》いまで、白眼みっ放しも困りますが、要所々々で、長短適時に相手の眼を見る。見るといってもアッケラカンと見たんでは困る。「面白いな！」「これからどうなるんだろう？」「そりゃその通りだ！」「実に同情にたえない」「そいつは馬鹿々々《ばかばか》しいや！」というような、気もちや感情を、眼にこめて相手を見るのです。これがまた、さっき申した三味線の役をします。

この場合用心しなければならないことは、相手の眼以外のところを見てはいけないことです。相手の顎《あご》のイボを見たり、相手の鼻の黒子《ほくろ》を見たりしますと、見られた方は、なんとなく妙に感じて、話がやりにくくなります。ことに、自分で引け目を感じているアザなどを、まじまじと見られては不愉快になってしまいましょう。もっとも「ワタシは三十二相そろった完全美人だワヨ」という、自信たっぷりのご婦人の場合は、顔中どこを見て上げても、ご満足ですがね、ハハハ。

④何かしながら聞かないこと

相手がせっかく話しているのに、こちらは机の上のお掃除をしたり、火鉢の灰をならしたり、新聞を読んでいたり、イタズラ書きをしていたりするのはつつしむべきです。

一番怪《け》しからんのは、相手の話をそっちのけにして、立ってしまうことです。よしんば電報がきたにしても、立つときはちゃんと失礼を詫《わ》びて立つべきで、決してフイと無断でいなくなるべきでありません。

しかし、接待のお茶を入れながら聞くとか、煙草を喫《す》いながら聞くとかいうのは、差支えありません。

初対面の座談法

日本ならだれしもやることですが、時候の挨拶《あいさつ》。これは至極あり来《きた》りで、下らんようですが、永久に価値のある話題です。

日本には世界に類例のない、俳句という詩型がありますが、これはお互い日本人同志の、季節感の共通性を生かした詩であります。共通の公約数に便乗して表現するから、わずか十七文字で天地間の森羅万象を詠《えい》じ、日本人ならそれが理解できるのです。

これ以上、共通の話題はありません。ことにこのごろのように、暖冬異変とか、渇《かっ》水《すい》の問題とか、颱風《たいふう》の連続襲来とか、やれ豊作の不作のと、都会の人まで騒ぐようになってはなおさら重要な話題です。

紹介者があったら、その紹介者を中心にして話を拡《ひろ》げて行く。紹介者でなくとも、共通の知人があったら、それを話材にする。

主義が同じであるとか、趣味が同じである場合、これは話題に困りっこありません。

住所がわかっていたら、それを中心にして、いろいろ話を釣り出します。

同病ならシメたもんで、これは昔からいう通り、相アワレんでいれば、初対面も百年の知己の如しです。

よくよく、何んにもなかったら、何んでもそこらにあるものを捕えて、これをとりあえず話の序の口として、あとは連想観念を働かして、次から次へ芋蔓《いもづる》式に話をタグり出します。そのうちに、きっと素晴しい共通の話題が現われてくるものです。

初対面の変り者同志が、お辞儀をしたきりで、両方とも黙りこくったまま、二時間も座っていて、サヨナラと分れたなんて話がありますが、とても普通の神経では、そんなに長く黙っていられるものでありません。それこそ本能的にハナシをせずにいられないものです。

初対面でよくある失敗は、共通の知人なりと思いこんで、だんだん話を進めるうち、どうもトンチンカンの感じがしてくる。そしてそれが同姓の別人だった、などということがあります。これはしかし、失敗とは言いながら、反《かえ》って笑い合って親しみを増す場合もあるわけです。

訪問する側の失敗は、相手の仕事がわからず、つい話しこんで長《なが》っ尻《ちり》をして、仕事の妨害をしてしまうことがあります。妹や、女中を奥さんと間違えて、あとで極《きま》りの悪い思いをすることがあります。おッとこいつは、話術とは関係がありませんでした、ハハハハ。ただし、その失敗を胡麻化《ごまか》すために、何か巧《うま》いことを言うのは、話術の領分ですが。

訪問される側で、よくある失敗は、相手を見損うことです。この客は、たしかどこかの重役様で、何か好い話をもってきたな、と思いこんでだんだん話してみると、保険の加入を勧められたり、この客は金を無心にきた失業者だな、と思って冷淡に話していると、実は地方の大富豪で、とても大した土産物をもらった、なんてこともあります。

それから、客の名刺を粗末にしないよう注意することです。名刺をクルクル廻しながら話すと、客の方は自分がクルクル廻されてるような気がします。はなはだしいのは、話に気をとられて無意識にやるんですが、その名刺をクチャクチャに丸めて、火鉢で燃やしたりする人があります。その場合、客の方ではハラハラしながらも、まさか、

「そりゃ、僕の名刺ですよッ！」

とも言えず、自分自身もクチャクチャにされて、火葬になったような気分になります。

座談十五戒

第1戒　一人で喋るなかれ

座談の醍醐味は、ハナシを交すことです。徹頭徹尾、一人で喋っていたのでは、それは演説か講義であって、座談ではありません。ベラベラと、際限もなくまくしたて

て、相手に口を開かせない人があります。それなら生きた人間を相手にしないで、お人形か木像でも前においておくがよろしい。どうせ、そういう人は、相手の思惑など気にかけていないで、ただ自分が機械的に喋っていればご満足なのでしょう。いやしくも、生きてる人間なら、自分も何か喋りたいのは当然で、ただ、相手が機関銃みたいに、のべつ幕なしに喋ってるのを聞かされるきりでは、やりきれません。こういう人に限って、相手が何か言い出しても、すぐ話の腰を折って、自分の方に持ってくるのが平気です。

よくよく鈍感な人でない限り、こういう人と二度と話したくなくなります。つまり、座談はキャッチ・ボールみたいなもので、話題のボールを、やったり取ったりする興味です。ポンと投げる。みごとに受けてポンと投げ返す——ただのボールでさえ、なかなか面白いものですから、ましてや愉快な話題のキャッチ・ボールの面白さは、たとえようもありますまい。

座談もときには、ピッチングの練習みたいなこともあります。一方が大先輩で、次から次へ、ガイハクなる話を投げる——それを後輩がミットで、慎重に感服して受ける。この場合も、後輩がボールを投げて返すだけの、反応は示さねばなりませんね。

第2戒　黙り石となるなかれ

前と反対に、徹頭徹尾、黙りこんでる人がある。こういう人が、前の一人喋り先生と相対すれば、丁度具合のよいコンビになるわけですが、普通の人が相対すると、閉口させられます。私など気が弱い方だから、こういう岩石みたいな相手はニガテです。何か心配ごとがあるかと思って、たずねてみると、イヤ何ンニモアリマセンと言う。何か怒ってるのかと思って、ご機嫌を伺うと、イヤ目下愉快ナンデス――おッと、そう巧く答えてはくれません。不得要領な返事を、不承々々にするくらいなんです。非常におかしい話をしても、鼻であしらうような、気のない笑い方をする。こっちは大いにサービスするつもりでも、しまいにはクサッテ不愉快にならされる。しからば、当人、面白くないのかというと、それはそうでないらしい。いつまでも座り込んで、いつまでも黙りこんでいる。

座談はキャッチ・ボールですぞ。こっちが何回ボールを投げても、そこへ構えてるだけで、少しも受けてくれないでは、こっちのボールにも限りがあるから、もう投げようがなくなってきます。

第3戒　反《そ》り返るなかれ

威張るということは、それが、総理大臣であろうと、大社長であろうと、警察署長であろうと、労組の執行委員長だろうとみっともないものです。

平和日本、文化日本なら、一人だって威張る人間の存在が許されないはずです。ハズはハズだが、さてこの日本に、威張る奴《やつ》がいなくなるのはいつのことでしょう。

私に言わせると、日本が戦争に敗《ま》けた原因は、軍官民の各分野がそれぞれ、威張りたいだけ威張った報いだと思いますね。威張るということ、すなわち封建性の特色であり、その封建性で日本は敗北したんです。

ところが、世の中には人と応待するとき、妙に反り返って、高慢に構えたがる癖の人がある。別に、大臣でもなければ、社長でもなく、税務署のお役人でもなければ、警察官でもない、というのにただもう、おそろしくもったいぶっているという、困った生れつきの人があります。

安サラリーマンの身分で、

「ワシはそう思うとるんじゃ。」

などと重役みたいな口の利《き》き方をする。これが友達同志で、洒落《しゃれ》て言うなら面白いが、当人が大真面目《おおまじめ》で、そんな口を利くのです。

座談のときでも、こういう人物は、大きな顔をして、背後の方に突っかい棒をしたくなるくらい、フンゾリ返っている。

どこにも威張る拠《よ》りどころがないのに、威張っている。が、これはまだしも、愛嬌《あいきょう》があります。一種の狂人と見られますから。

なまじ、小役人であるとか、小金持であるとか、多少とも威張るモトがある場合、こうしたフンゾリ返りは、当人にとって非常な損であります。こういう連中には、頼もしい真の友達なんて一人もできません。

いや、当人がいくら損をしようと、それは構いませんが、その男と会う人間が、話をする人間が、皆不愉快にさせられます。他人を不愉快にすることは、道徳上許すべからざる罪悪です。

第４戒　馬鹿丁寧なるなかれ

前の人と反対に、これはまた矢鱈《やたら》と頭が低く、謙遜《けんそん》のかたまりみたいな人がある。

謙遜は美徳に相違ないが、過ぎたるはやはり困りものです。

芸界の古老で、そういう人が私の知人にありますが、この人と挨拶をしていると、私などはお辞儀の接《つ》ぎ足《た》しを三べんぐらいしなければならない。あんまり丁寧すぎて、馬鹿々々しくなる。

この人は、私が少年のころ、すでにりっぱな真打《しんうち》であり、私などは心酔しきって、聞きに行ったものです。年齢は、私より十二歳ぐらい上でしょう。一時は日本一の名人という極めつきで、大した大看板でした。それが、後年私も芸界入りをして――ただし、この老人と分野の違った芸界でしたが――どうやら看板ができてくるころ、この人はだんだん同業の若手に押されて、少しずつ小さな存在となり、果ては私が何かとお世話するようなことも、あるようになりました。

で、私はとにかく、多少なりお世話をしたのですから、その私に丁寧なのは、まァ不思議はないとして、それがだれにでもそうなのです。たとえば、楽屋で前座と挨拶をする場合、やはり畳へ前額をすりつけて、長い長いお辞儀をするのであります。

「あの師匠、おれを馬鹿にしてる。」

と、知らないセコ芸人など、腹を立てる始末です。

あれほどの至芸をもっていながら、この人が大看板を持続することができなかったのは、ひとつはこの馬鹿丁寧が原因ではないかと思われます。むろん、耳の悪くなったことも、重大な原因でしたけれど。

で、この老芸人の馬鹿丁寧は、けっして相手を嘲弄《ちょうろう》するとか、腹の中で舌を出しているというようなことはありません。おそらく長年の習慣で、当人はひどい行き過ぎを、ほとんど自覚していないのではないかと思われます。

ところが、この馬鹿丁寧に、はなはだタチのよくないのがあります。故人になった劇作の大家某先生は、自分よりはるかに後輩をつかまえて、

「これはこれは、山田先生でいらっしゃいますか。」

などと、いやに丁寧な口を利くのが癖でした。前述の老芸人のように、だれにでもそうならまだしもよろしいが、この劇作家は有名な皮肉屋で、有名な威張り屋なんです。始終顔の合ってる仲間に対しては、大変な暴君なんだが、あまり懇意でない他人に対しては、気味の悪いほど丁寧なのです。

「チェッ、僕のことをあのジジイめ、センセイだって言いやがった。よくも恥をかかせおったな。今に見ていろ。」

なんて、憤慨する演劇青年や、文学青年がたくさんあったものです。

ものには度があります。座談にはバランスが肝要です。

第5戒　お世辞屋たるなかれ

「世辞」という言葉は、良く解釈すれば、社交的の辞令ということで、けっして悪いものでありません。

お互いに、欠点だらけの人間が、交際するんですから、あけすけに本当のことばかり言ったのでは、世の中は平らに納まりっこありません。

「どうも、貴女《あなた》の顔は物凄《ものすご》いですなァ！」

「そういう貴男《あなた》も、ゴリラそっくりで。」

などと言い合っていては、舞台の漫才ならいざ知らず、実世間では大変なことになりましょう。

ですから、ある程度まで、自分の本心を偽って、社交的辞令を使用することは、必要であります。本心が偽りたくなければ、せめて相手の欠点を問題にしない、という注意が要ります。しかし、これも消極的のお世辞で、言って差支えないことだけを言うのは、一面言いたいことを言わないのですから、厳密に申さばやはり本心を偽ってるわけです。

この人の世で暮らしを立てる以上、ときに本心を偽るのも仕方がありません。絶対にそんなことはできない、という人は山奥へでもこもるか、無言の行をつとめるか、さもなくば精神病院の独房へでも入るんですな。

このように「世辞」は、用いて差支えないものです。しかし、これも度を越すと、相手を喜ばせるどころか、反対にいやがられて、敬遠されるようになります。

ことに、いわゆる「お世辞屋」なる連中は、見え透いたお世辞を弄して、反って世間を狭くしています。いかに、甘言の好きな人でも、みすみす度の強い「お世辞」とわかっていては、なんだか馬鹿にされてるようで、けっして喜ぶものでありません。世辞は言っても構いません、いやときには必要ですらあります。が、この世辞なるものがなかなかむずかしい。これも広い意味の話術の一分派ですが、事実、世辞の名人ともなれば、相手にけっして「世辞」なることを覚《さと》らせません。

料理に砂糖を使って、砂糖の味が料理に残っているようでは、この板前落第です。

「はてな、このアマ味は、昆布からとったのかな、野菜からとったのかな?」

と、料理通が首をかしげるようなら、それは相当の腕前です。

砂糖ぬきの料理が本筋であるように、座談もお世辞ぬきが望ましいのです。しかし、多くの場合、そうは参らないのですから、砂糖も適当に用いるがよろしい。

だが、同じ世辞砂糖にも、三盆白《さんぼんじろ》あり、赤砂糖あり、黒砂糖あり、相手によって、つまり料理によって、世辞の品質にも変化があるわけです。

サッカリンのようなお世辞、ズルチンのようなお世辞は、止《よ》した方がよろしい。

しかし、砂糖大根のような世辞は、家庭の間にも用いてよろしく、蜂蜜《はちみつ》のようなお世辞は、これは恋人同志の常用として結構ですがな。

第6戒　毒舌屋たるなかれ

悪口というものは、本来よくないに定《きま》ったものですが、これも用い方如何《いかん》によって、座談の醍醐味を増す調味料となります。単に悪口と申しても、その中には諷刺《ふうし》、皮肉、批判、忠告、排撃、冷嘲、熱罵《ねつば》などの原素がありまして、これが色いろ様ざまの組合せ化合物を作るのでありますから、一概に適不適、要不要を定めるわけには参りません。悪口によっては、お世辞にも増して、相手を喜ばす場合もあります。また悪口によっては、これがために数十年の親交が一瞬にして、崩壊することもあり、はなはだしきは殺人の終局にまで行くことがあります。

しかし、ただ今は座談を楽しくする心得について語っているのですから、始めから悪意を持った悪口は問題外として、好意のある悪口、もしくは無意識に出る悪口について申しましょう。

好きな人には、仲よしの犬が嚙《か》み合いをするように、悪口を言いたくなるものです。また、言われて敵ながら天晴《あっぱ》れと、好い気もちになるものです。

しかし、その場合にも相手の急所は避けなければなりません。たとえば相手が、自分で鼻の低いのを気にしている人である場合、鼻の問題に触れない方が無事です。シラノのようなモノのわかった天才でも、自分が引け目を感じている大きな鼻のことを言われると、すっかり逆上してしまいます。

その人が本業としていることを、批評する場合は、よほど警戒すべきです。舞踊家の石井漠氏と私と初対面のとき、意気大いに相投じて、私は嬉《うれ》しくたまらなくなった。その嬉しさを何んとかして表現したい。石井漠という人間がいかに私に気に入ったかということを、当人に知ってもらいたい、そう思って私は、

「いや、まったく君は良い男だ、どうしてこんな良い人物がいるんだろう。ダンスはまずいけれど人間は実に立派だ。」

とこう言ったんです。もっとも両方とも酔っぱらっていました。が、さァ大変です。

「何ッ、俺のダンスが拙《まず》いとは何んだ、お前なんかにダンスがわかるかッ。」

というので大喧嘩《おおげんか》になりました。

こういう経験が、その後も二回私はありまして、つくづく、その人の本業をケナスものでないと悟りました。いかに、こっちに好意があっても、こいつはいけません。

でも、もともと悪意から出たものでないから、あとではお互いに笑い話となりますけれど、世の中にはいわゆる、毒舌家という人物があって、言葉に毒を含み、周囲をクサらせる名人があります。当人は得意になって毒舌を振るうのですが、毒の及ぶと

ころ、被害甚大《じんだい》です。そして知らず知らずの間に、造らなくてもよい敵を造ります。

第7戒　コボシ屋たるなかれ

自分の苦境なり逆境を、他人に訴えるということは、ある程度まで悪いことではありません。しかし、世のいわゆるコボシ屋なるものは、話題が外《ほか》にほとんどなく、他人の顔さえ見れば不平を並べる、苦痛を訴える。逆境を悲しむというわけで、聞かされる方はウンザリしてしまうのであります。

こういうコボシの大家になると、自分が苦境を脱しても、逆境から離れても、やはり、何のかのとコボす、つまり、こういう人は、自分だけいつも理不尽に不幸であるように思いこんでいるので、いつまでたっても救われない。よろしく他人と交際する前に、自己中心の量見を入れ替えるべしです。

コボシということも、薬味をあしらうように、チョッピリ用いると、ご愛嬌にもなるし、同情もひく。というのが元来人間というものは、他人の不幸を喜ぶようにも、造られているからです。

「馬鹿を言えッ、俺は他人の不幸に同情こそすれ、喜ぶなどとはもっての外だ。」

と仰言《おっしゃ》る方がありそうですね。よろしい。では貴男は仰言る通りの人だとしておきましょう。しかし人間の大多数は、私の言う通り、他人の不幸が面白いものなのです。自己保全の動物本能から、そうあるのが自然です。もちろん、だれしも同情するという面が、これは種族保存の必要上、本能的に存するわけです。

だから、コボすなら、巧くコボして戴《いただ》きたい、夢々、コボシ専門屋にならぬよう、ご用心のことです。

第8戒　自慢屋たるなかれ

やたらに自慢する人がある。前述の、コボシ屋と正反対のようだが、両方兼ねている人があるから、面白いといえば面白いです。

散々に、自分の苦境を訴えておきながら、談一度《ひとたび》、自分の妻君のことになると、

「こんな不幸な亭主を持っていながら、感心なのは家内です。まァ、あのくらい辛抱強い女はありますまいな。絶対にイヤな顔を見せないんです。つまり育ちが好かったからですな。それに昔から、顔の美しいものは心も美しいと言いますが、いや、けっしてノロケではありません。ご承知の通り、あれは娘のころは鍋町《なべちょう》小町と言われたくらいで……」

などと、相手は二重三重に悩まされるのがあります。細君の自慢、子供の自慢、家

屋の自慢、持物の自慢、など尽くるところを知りません。そんなら始めにコボさなければ好いのですが、要するに、こういう人物は、世の中を見る視野が狭小《きょうしょう》で、何んでも自己中心にしか考えることができないからです。一言にしていえば、困ったエゴイストなのであります。

むろん、本筋の自慢屋ともなれば、コボシなどという不景気な代物《しろもの》は用いません。徹頭徹尾、楽天的で明朗で、天下に自分ほどウケに入った人間はない、というような顔をして、自分の家柄から、自分の爪《つめ》の先まで、得々として自慢します。

他人の不幸を喜ぶ本能は、他人の幸福を嫌う本能です。しかも、他人の不幸を喜ぶ本能より、他人の幸福を嫌う本能の方がおおむね強いようです。だから、コボシ屋よりも自慢屋の方が、余計敬遠されるようです。

自慢をして、相手に好感をもたれる場合は、ほとんど絶無です。ただし、自分の欠点や、自分の失敗の話は、自慢らしくやった方が、面白いときもあります。

第9戒　法螺《ほら》吹《ふ》きたるなかれ

すべて大袈裟《おおげさ》に語る人がある。目ノ下一尺の鯛《たい》を釣ったら、五尺ぐらいに吹く。酒を三合飲んだら、一升飲んだように吹く。恋人が一人あると五人ぐらいありそうに吹く。

まだ、この程度なら罪の浅い方です。とにかく多少なりモトがあるんだから。法螺吹きも、大家になると、まるでありもしないことを、実にまことしやかに、滔々《とうとう》と語る。

私の知人に、その典型的なのが二人ほどありました。二人とも、ちょっと話してみると、なかなかの快男児でして、たいていの人が一度は惚《ほ》れ込んで頼もしく思うのですが、半年もすると化けの皮が剝《はが》れてしまうのです。

「いやどうも、昨夜は驚きましたよ。」

というような前置きで、彼がヤクザ数名に取り囲まれ、大乱斗《だいらんとう》の結果、敗走せしめたという血湧《わ》き肉躍る武勇伝を語るのです。

ところが、あとでそれが、跡方もない嘘《うそ》だということがわかるのです。いったい、何の必要があって、そんな嘘を私に語るのか、その心理状態がわかりません。まア、私に対する、一種の示威運動かと思われますが、何しろ妙な性格があったものです。こんなのは病的ですが、それほどでなくても、あまりに誇張したハナシぶりは、その人の人格を安っぽくします。しまいには、何を言っても他人が相手にしなくなります。自然、本当の友達ができません。

それから、法螺とは少し違いますが、何にでも最大級の言葉を使う人がある。これも他人が耳を傾けなくなる原因です。「あんなりっぱな男は絶対にない」「あんな悪い奴は世界中にない」「こんな美味《おい》いビフテキは生れてはじめてだ」「こんな素晴しい小説は、今までの文学になかった」など、全部最大級の言葉で話す。聞く方ではその最大級に、さっぱり感動しなくなるものです。

第10戒　酢豆腐《すどうふ》たるなかれ

何でも知ったかぶりをする人があります。これも相手から嫌われるハナシ方です。

落語に「酢豆腐」という話がある。知ったかぶりの若旦那《わかだんな》が、忌々《いまいま》しがってる町内の若衆から巧みにオダてられて、ついに腐った豆腐を喰わされる。若旦那これには閉口したが、あくまで知ったかぶりを発揮して、これは酢豆腐というオツなものだ、などといって胡麻化す。

世間にはこの「酢豆腐」人種が、なかなか多い。いや、たいていの人がいく分は、この傾向がある。程度の軽いのは、座談を面白くする場合もあるが、重いのになると、一座の者を悩ますことになります。そして多くは「法螺吹き」人種と混血しています。

この人種は、自分の知識を認めさせるため、極力発言の機会をねらっているから、他人の話を横取りする癖があります。お恥かしい話だが、かくいう私なども多少その病癖があるようで、いやはや面目次第もありません。

第11戒　賛成居士《こじ》たるなかれ

相手が何を言っても、片端しから賛成同意する人がある。原則としては、自分の意見に賛成されて満足のはずですが、全面的に賛成される、何でもかでも賛成される、ということになると、人間は物足らない感じを抱くものであります。だから、始めのうちは、喜ばれても、だんだんに信用を失って、ついには相手にされなくなります。

何にでも賛成するということは、当人に何の意見もないか、さもなくば当人が腹の黒い人物であるか、どっちかです。そういう連中に賛成されても、何んの足しにもならない、という気がしてくるのです。

この居士の中には、相手の話のしまいの一節を、無意識にナゾる、つまり復唱する癖のある人が多いようです、これも、話している方で、五月蠅《うるさ》く感じてきます。

第12戒　反対居士たるなかれ

これはまた、前述の居士と逆で、相手の意見に対し、片端しから反対する人種である。

右と言えば左、左と言えば右と主張する。天邪鬼《あまのじゃく》という鬼が、この人種の支配権を握っているのであります。

たまに反対されるのは、大いに親しみを増すものですが、いかなるとき、いかなる場合でも、全部反対されては、だれでも腹を立てるか、馬鹿々々しくなるかするものです。

総じてモノゴトには、二ツの見方も三ツの見方も、あるものです。だから、あらゆる場合に、反対論は成立するものです。

裁判の検事団と、弁護士団との意見の対立から、与党と野党、甘党と辛党の意見の対立にいたるまで、一ツの問題をめぐって、各種の論が成り立つものです。そして、両方の意見を調合して、ほぼ正しい結論が出るのです。

反対論というものは、確かに人知の発達、文化の向上に、是非とも必要なものであります。しかし、反対のための反対はいけません。

「今日のように交通機関が発達すると便利ですな。」

「いや、こう多くなっては危なくて仕方ない。」

「まったく自動車の多いのに困りますなァ。」

「しかし、雨が急に降ったり、急いでるときなんかは自動車は有難いものだ。」

「そうですな、自動車ほど便利なものはありませんな。」

「いや、自動車なんてものを、発明したのが、実は人類の悲劇さ。駕籠《かご》時代の人類の方が、現代よりもはるかにノンビリと幸福だった。」

おっと、これでは賛成居士と反対居士の漫才になってしまいました。ハッハ。だが、これなどは同じ反対居士でも、愛嬌のある方で、世間には、もっと辛辣《しんらつ》な、意地の悪い、ムカムカさせる反対居士がたくさんいます。

第13戒　軽薄才士たるなかれ

都会人の多くが、この軽薄才士型になり勝ちです。つまりオッチョコチョイという型です。ことに、交際上手とか、話上手とか言われる人には、この型が多い。

歯切れがよくって、言うことが気が利いていて、表情が派手で、手ぶり身ぶりも面白おかしく語る。一応、これは相手に喜ばれます。

しかし、それがその場かぎりの喜ばれ方で、アトクチが悪くては、なんにもなりません。結局、人間として、信用されないということになります。

つつしむべきはオッチョコチョイです。そういう私自身も、正直のところ、つつしむべき一人なのであります。これは、一種の都会病かもしれません。もちろん、生れつきによって、その病状は異なります。

第14戒　朴念仁《ぼくねんじん》たるなかれ

愛想のない人、洒落のわからぬ人、融通の利かない人、こういう連中を「ボクネンジン」と申しますが、これは都会より農村に多いようです。ハナシの相手として、これほど張合のない人種はありません。もっとも、大勢集まったところで、一人ぐらいこの朴念仁が混っていると、反って一座を愉快にする場合もありますけれど、対談となったら困ります。

第15戒　敬語を忘るなかれ

敬語なんて、封建的な遺物だ、などという意見もあるようですが、そう一足飛びに、敬語を廃することは、実生活上不可能です。

また、いかに民主主義が徹底されても、生徒が教師に対し、巡査が大臣に対し、同等の言葉遣いをする、ということは考えられません。何等かのかたちで、心の中の敬意を表わすコトバが用いられると思います。

いわんや、日本の現在のところでは、敬語はなくてならぬものです。オタマジャクシが、水の中から陸へ出て蛙《かえる》になるとき、呼吸器がいかなる変化を見せるか——けっして一ぺんに鰓《えら》と肺臓が取り換えられるわけではありません。

このごろの若い人たちを見ると、この敬語がすっかりでたらめになっています。これは、私の家にいた女中の話ですが、

「姐《ねえ》や、坊やはもうご飯すんだかい？」

と私がたずねますと、

「ええ、もう食べました。」

と答える。次に私が、

「ポチに飯をやったかい？」

と聞くと、彼女答えて曰《いわ》く、

「ええ、さきほど、さし上げました。」

まるで、坊やがポチで、ポチの方が若様みたいです。

座談をしていても、この敬語がでたらめに使用されると、不愉快になります。私の知人でM君という好人物がいますが、始めは私に向って「先生、センセイ」と呼びか

けるが、だんだん話してるうちに「お前さん」になり、しまいには「そうだろ、お前」というふうに、下落するのです。オマエ、オマエと言われる度に、ご飯の中のモミ殻を嚙んだような気がするのであります。

◉会談

社交上や、儀礼的意味を有する、集会の場合、いかなる心得が必要か？三人とか五人程度の集まりなら、だいたいにおいて、前項に説いた座談の心得で、間に合うのであります。

ただ、座談は前申した通り、キャッチ・ボールに似ていますが、これは投手、捕手、一塁、二塁、三塁、場合によっては遊撃手から、外野まで位置についた、シート・ノックみたいなものであります。話題のボールを、次から次に、段取りよく各人が投げたり、受けたりしなければなりません。

原則として、座談の場合よりも、自分の口数は少なくなるものとみてよろしい。そして座談の場合と同じく、相手のハナシの腰を折ること、自分一人で喋《しゃべ》り過ぎることは、厳に警戒せねばなりません。大勢集まって語るときは、話し上手より、むしろ聞き上手である方が愉快に話を進める必要条件であります。

集まりの頭数が、三十人、あるいは五十人ということになりますと、もうシート・ノックでは済まなくなります。勢い、中心のようなものが、二カ所にも三カ所にもできて、まるで、西洋の大サーカスのように、あっちでも、こっちでも同時に談論風発する、という現象を呈します。

この場合、司会者がいまして、会場に諮《はか》り、おのおの勝手の雑談を打切り、一人ずつ交々《こもごも》立って、いわゆる、卓上演説なるものを行うことがあります。集まりに、一つの統一を与え、集まりの目的を明らかにするため、これは結構なことです。

ところで、世の中には、このテーブル・スピーチを、非常に億劫《おっくう》がる人があります。それは一つには、卓上演説——このエンゼツという言葉が大袈裟なので、そういう感じを抱くのでありましょう。が、このエンゼツは、いたって軽い意味のもので、座談の延長と解釈してよろしいのであります。大勢の人間が、思い思いに座談をしたのでは、取り止めがないから、そこで順に立ち上がって一人ずつ座談をする——そのくらいの心もちで差支えないのであります。

しかし、同じく卓上演説と申しても、結婚式とか、追悼会などの場合は、大分に固苦しくなりますので、それは後で式辞のくだりで語ることに致します。

まず、卓上演説といえば、多くの場合、食事など一通り出たあとで、会衆の親愛感を深める意味で行われるのでありますから、せっかく頂戴《ちょうだい》したご馳走《ちそう》が、不消化になるような話はいけません。聞いてるうちに、愉快になって、胃腸も活発に働ける、というような話がよろしいわけです。

自然、ユーモアとか、ウイットに富んだ話、機智《きち》とか、諧謔《かいぎゃく》に満ちた言葉が、大いにふさわしいのであります。

故小山内《おさない》薫氏が、某所のテーブル・スピーチで、まずご馳走のお礼を簡単に述べ、それからだいたい次のような昔話をしました。

「ローマでは、例のコロシウム劇場で、奴隷《どれい》をライオンに喰わせて、これを見物するというような惨酷《ざんこく》野蛮なことをやったのであります。ところが、ある日のこと、ある奴隷が今やライオンに喰い殺されんとしたとき、その奴隷がライオンの耳に何かささやきますと、ライオンはたちまちそのタテ髪を伏せ、尻尾《しっぽ》を垂れて引き下がりました。そこで、また別のもっとも獰猛《どうもう》なるライオンを引出し、奴隷にかからせましたが、再び何かささやきますと、ライオンは意気消沈、スゴスゴと引下がりました。三匹目のライオンもまたその通り。あんまり不思議なので、その奴隷に、お前はいったいライオンに何をささやいたのかと訊《たず》ねましたら、その奴隷答えて曰く、〝私トイウゴ馳走ヲ召シ上ルノハ結構デスガ、ソノアトデ卓上演説ヲ願イマス〟、とライオンにささやいたのだそうでありました。」

そこで満座ドッと笑って、大喝采《だいかっさい》であったそうです。おそらく、このテは小山内氏もヨーロッパあたりで学んで来られたことでしょう。もしそうでなく、純然たる氏の創作であったら、たいしたものであります。もっとも、小山内氏は、このくらいの機智は、十分有している人でした。

この、さすがのライオンが卓上演説には閉口というところが、誠に面白い風刺であり諧謔であります。

卓上演説にジメジメした愚痴や泣言《なきごと》は禁物でありますが、それよりもっと恐ろしいのは、やたらに昂奮《こうふん》して、カンカンガクガクの大演説で、口角泡を飛ばす没常識であります。そんな人物が一人、狂人じみた熱弁を振るいますと、せっかくの和気靄々《あいあい》たる気分が、一遍に台無しになり、座は白け放題にシラけてしまいます。

卓上演説は固くならないこと、あくまで和やかに、座談の延長のつもりでやること、それからもうひとつ大切なことは、長いお喋りにならないことであります。

司会者が、どうぞ五分間に、と注意したら五分間で終らねばなりません。それを十分間も十五分間も喋っているのは、罪悪であります。それだけ、他人の時間をつぶすことになるからであります。

五分と指定されて、十五分もやる人は、必ず、面白くないスピーチをやるに決まっています。自分だけ好い心もちになって、長談議をするような神経では、とうてい、他人を愉快にするような芸当は思いもよりません。

五分というと、大層短い時間のような気がしますが、実は相当の長い時間であります。大ていの話が、五分あればまとまるものなのであります。

◉業談

自分の職業に必要な日常話、たとえば店員が客に対する話、医師が患者とか患家に対する話、新聞記者が名士に会ってインタビュー種をとる話、車掌が乗客に対する話、警官が取締り上市民と対する話、などいずれも業談であります。

検事が、罪人と対談的に審《しら》べる場合は、これは業談ですが、論告をする場合は、もはや演説になります。弁護士が、依頼人と相談しているときは業談ですが、これが法廷に立って弁護論を述べるときは、演説であります。

さて、この業談というものは、それぞれ専門によって呼吸の異なるもので、これを片端しから申し上げることは、今の場合不可能であります。そのうちの一つ一つで、随分長くお話をする必要があります。医師と患者の話だけでも一時間ぐらい述べなければなりますまい。要するに、日常話としての原則は、座談の場合と変わりはないのですから、それを十分に応用して頂きましょう。

業談の中で、もっとも普遍的な場合、すなわち、商人が客に接する場合について、いささか申し述べておきます。

森本厚吉博士の『話方の経済』という本に、職業会話成功の要素という条《くだ》りと、販売行為とその話し方という条りとがあります。

店員が客に接して、ある品を販売しようとする――そのとき、店員はハナシ手であり、客はキキ手である。そこで、店員は自分の話す目的をよく知り、自分の思うところを伝達し、そして客を説得しなければならない。これは、普通のハナシとなんら違うところがないのであります。

それがためには、販売者には独特の技術が要るものですが、これこそ、店員の話術なのであります。さてその話術は、ニストラムという人の説によると、A・健康、B・教育、C・性質の三ツに支配されるそうです。

A・まず健康が第一の条件になってるところ、面白いではありませんか。なるほど商談に限らず、ハナシの総《すべ》ての場合において、ハナシ手が健康であり、身心の諸機関が完全に働いて、活《い》き活《い》きとしたコトバが発せられるということ、何より大切なことに相違ありません。

B・次に教育があげられます。なるほどこれもその通り、ハナシをするには、そのハナシ手の頭が整えられていなければなりません。すなわち教育が必要であります。そのニストラム氏は（どういう人物か、私は存じませんが）、ことに店員の場合「国語」と「数学」の教育を強調しております。

国語の力が十分でないと、適確明快なる話をすることができない。すなわち第一に彼の用語の範囲が広くなければならない。第二に彼の思想（というと大袈裟ですが）を明白に速《すみや》かに、かつ愉快に表示しなければならない。第三に、彼の言語は明瞭《めいりょう》でかつ正当に発音されなければならぬ。

数学の知識が店員に必要なことは、だれしも気がつくことであるが、これは必ずしもむずかしい数学の意味ではない。ごく普通の加減乗除が、暗算で速かにできる訓練を必要とする。訓練次第で、相当大きな数を、暗算でなし得るようになる。

なお、ニストラム氏の説によると、商品に関して店員の知らなければならない知識は、次の如《ごと》きものであります。

1　在庫品（あるいは在店品）の種類

a　その形、大小、色彩および価格に関すること

b　各商品の分量に関すること

2　在庫品（あるいは在店品）の在る場所

a　販売用のもの

b　貯蔵用のもの

3　各商品に関する知識

a　売価

b　商品の状態

c　在庫期間

d　使用に関すること

e　もっとも適する使用法

f　便利

g　愉快

h　耐久性

i 安全性
j 純粋性
k スタイル
l 美性
m 構成
n 製造法
o 生産費
p 供給の範囲
q 使用の歴史
r 現代使用の傾向
s 他種類との競争
t 他品との競争
u 製造者およびその名声
v 品質の実験
w 過去および現在に与えた使用者の満足程度

どうですか、たいしたものではありませんか。商品を売るがためには、店員はこれだけのことを心得ていなければならないのです。もしも一個の商品を売るために、これだけの用意が要るものとすれば、一場の演説をしたり、講演をしたりする場合、どれほどの用意が必要か、想像がつくでありましょう。

また店員は商品の知識と同様に、顧客に関する知識を、養成することも必要であります。店員は、各種の希望をもってくる各種各様の顧客に接するのであるから、それらに対して、それぞれ適応した態度言語を用意しなければなりません。それがために、それらの人達が、何を考え、いかなる感じを持ち、何を好み、何を嫌い、何を為《な》さんとしているかを洞察せねばなりません。また、その人達の風俗習慣、生活法、食物、衣服、娯楽、教育、社会および家庭状態、宗教および社会的行動並びに経済状態等に関して、なるべく詳細な知識を有することが必要である――と説いています。

随分と大変な知識が必要なわけで、ちょっとウンザリするくらいですが、これは店員に限らず、すべてのハナシ手に、実は必要な用意なのであります。

ヤミ商売全盛の時代には、もっと勝負の速い方法が選ばれたでしょうが、健全なる商業時代には、店員たるもの、以上のことを心得ておくべきでありましょう。

次に「販売行為とその話し方」でありますが、

第一・顧客の注意をひき起こすこと。

第二・ある商品に対し興味を起こす程度に、注意を強めること。

第三・その興味を買いたいという熱望に熟させること。

第四・その願望をさらに強めさせて、その品物の所有者になろうという決心をなさしむること。


と、以上四ツの段階によって、顧客の心理を、こちらの目的に向って引き寄せます。販売上の妨害となるのは、主として次の六ツの理由による。したがって、各顧客について、その何が購買意志を妨害しているかを、速かに見出《みいだ》して、臨機応変に販売政策を改める。


1・それを欲しないということ。

2・それは必要でないということ。

3・価格が高すぎるということ。

4・買うことができないということ。

5・今少し待とうということ。

6・現在持ってるもので満足だということ。


以上の六ツの理由は、商品売買の場合でありますが、これを演説者対聴衆、講演者対聴衆、演芸者対聴衆の場合に当てはめて考えると、非常に参考になります。

I・ソノ話ハ聞キタクナイ。
II・ソンナ話ハドウデモヨイ。
III・少シ話ガムズカシ過ギル。
IV・トテモ自分ニハワカラナイ話ダ。
V・今聞カナクテモ後デヨカロウ。
VI・ソンナ話ハ自分モ心得テル。

ざっと、こんなふうに置きかえているのであります。

また、販売者の容姿とか習慣において、顧客に好い感じを与えるということが販売の成功に大なる影響を与える。容姿を整え、姿勢を正しくし、動作に注意をすることは、顧客に好感を与える。首を下げたり、締まりのない口をしたり、身体《からだ》や足を醜く曲げたりすることは悪感を与える。売手は自分自身を売るわけではないが、自分の服装その他において、顧客に知らず知らず好い感じをもたせる心得が必要である。売手が顧客に嫌われる多くの理由の中で、特に注意すべきは不潔である。

これらのことも、店員のみならず、一般のハナシの場合、共通の注意事項でありま す。いずれ、その条りで、もっと詳しくお話するつもりでありますが、念のためこの機会にも、ちょっと申し上げておく次第であります。

第二章 演壇話

メニューで泣かせた話術

演説、講義、説教、道話、それにすべての話術演芸が、これに含まれます。

第一部の「日常話」とハナシの根本原則においては変りはありません。

ただ、第一部の方は個人と個人とが、お互いにコトバの遣《や》り取《と》りをするに対し、第二部の方は、一人だけが喋《しゃべ》って、大勢の人間が聞く、という相違がある。ただし、演説に向っての野次、漫談に向っての半畳などは、例外です。

座談の場合は、面白くなければ、お互い同志の責任ですが、第二部の場合は、語る方だけの責任となります。

「どうも、聴衆が悪いので、巧《うま》くやれなかった。」

などと、よく演説家も、芸人も申しますが、それは第三者が言えばとにかく、失敗した当人の言うべき言葉ではありません。たとえ悪い聴衆であろうと、謹聴しないではいられないだけの、話術が欲しいものです。

何よりもまず、自分の言いたいことが言えること、すなわち、聞く方には自分の思ってる通りがわかること、これが大切なことは、第一部の場合と同じであります。が、今度は相手が大勢ですから、座談のときと違って、コトバの選択も、なるべく最大公約数を目ざす必要が出て来ます。

自分一人が、ながながと喋るのでありますから、その長い時間、聞いてる方の注意が、絶えず自分に向けられているように、しなければなりません。退屈されることが、一番恐ろしいのです。

では、どうすれば聴衆を退屈させず、興味を継続させ得るか？

話す内容が、面白く、有益であり、どうしても謹聴せずにいられないような、コトバの組み合わせであること、これはもちろん必要なことでありますが、話術が拙劣であったら、いかにすぐれた内容でも、聴衆は退屈してしまいます。反対に、相当くだらない内容でも、話術がこれを生かして、謹聴せしめ得る場合があるのであります。

フランスのある名優が、ある有名な劇作家と、「演技が大切か、脚本が大切か」という議論をしました。それが宴会の席上でしたから、他の列席者たちは、非常な興味を持って、この勝負如何《いかが》相成るかと見ておりました。

「よろしい。ではこうしよう。」と名優が申しました。

「君は脚本が俳優の演技より重要だと言う、僕はその反対に、脚本なんかむしろどうでも構わないと言う。互いに言い合っていても際限がないから、丁度、ここにメニューがある。これから僕がこの料理表を読んで、ここにいる諸君を全部泣かしてみせよう。」

と、いよいよその御料理献立表を、いとも悲しき台辞《せりふ》の口調で読み始めました。

なんと、それを聞いてるうちに、満座の人々すっかり感動して、涙を流さざるなし、という有様。この論争は、みごとその名優の勝利となったそうです。

これもフランスの話ですが、例のラ・フォンテイヌの寓話《ぐうわ》「蟻《あり》とキリギリス」を、読み方一つで、

――なるほど、キリギリスは夏の間、怠けていたのだから、蟻が食物を分けてやらないのももっともだ。

と思わせたり、

――なんて因業《いんごう》な蟻だろう、キリギリスが腹を空《す》かして、困っているんだから、少

しは食物を分けてやれば好《い》いじゃないか。

と思わせたり、同じ文句を読んで、蟻に同情させたり、キリギリスに同情させたり、自由自在であるそうです。

以上二ツの例は、話術というものの不思議な力を証明するのであります。

ではいったい、何《ど》んな読み方をすれば、そういう効果があがるのか?

原則は、実に簡単であります。

A・マ(間)のとり方、その感情は表わすべく、実に適確であること。

B・声の強弱、明暗がはなはだ巧みに配置されること。

C・コトバの緩急、遅速、申分なく調節されていること。

たったこの三原則が、それだけの不思議を実現させるのであります。音楽的にいうと、リズムとテムポの理想的な結合です。

さて、以上の話は、内容はどうでも構わないという意味で、申しあげたわけではけっしてありません。どうぞ誤解のないように。内容は練りに練り上げたもので、その上こうした三原則が適用されたら、鬼に金棒なのであります。

この三原則が、東洋風に形容されると、

――或《アルイ》ハ迅雷《ジンライ》耳ヲ掩《オオ》ウニ暇《イトマ》ナキガ如《ゴト》ク、或ハ渓涓《ケイケン》トシテ水ノ流ルルガ如ク、或ハ奔湍巌《ホンタンイワオ》ニ咽《ムセ》ブガ如ク、又ハ深潭《シンタン》緑ヲ為《ナ》スガ如ク、若《モシ》クハ飛沫滔々《ヒマツトウトウ》、天空一碧《イッペキ》、海闊《カイカツ》一空、波瀾《ハラン》層々、起伏定マラズ。

というようなわけで、これが東洋における雄弁の理想型となっています。この文句の中で、私が一番感心するのは「波瀾層々、起伏定マラズ」の二句であります。これこそ、演壇話術における「マ」の問題を暗示しているものです。

波が、次から次へ、層々と押し寄せてくる、しかもその高低はけっして単調でなく、見ている人間の予想を超えたものである。もしも私たちが、この波の如くに語ることができたなら、聴衆は絶対に退屈しないでしょう。事実、私たちが海岸の砂丘などに腰をおろして、打ち返す波をみて、ぼんやりと小一時間を過すことがあります。もしも、その波の運動が、判で押したように、何時《いつ》も同じであったら、そんなに長くはみていられないでしょう。

単調は退屈の母

演壇話術において、もっとも警戒すべきことは、単調におち入ることです。

単調は退屈の母なのであります。

では、単調とはどういうことか？

聴者に向って、刺激を与えないこと、あるいは同じような刺激を、くり返し与えること——これが単調の感を呼ぶのです。

1・1・1・1・1・1……

3・3・3・3・3……

これはだれが見ても単調です。音階でいつでも「ド・ド・ド」のくり返し、または「ミ・ミ・ミ」のくり返しで、だれが聞いても単調です。

13・13・13・13……

前よりも、いくらか増しですが、これもくり返せば、すぐ単調となります。

123・134・123・134……

ちょっと工夫してあるけれども、少しくり返し聞いていると、やっぱり単調を感じます。

そんならこれはどうだと、大いに凝ったつもりで、

1・3・5・7・2・4・6・8……

とやってみても、くり返して聞くうちには、やっぱり単調になってしまいます。

なぜか？　というと、何度も聞いてるうちに、次の数字なり、次の音階なりが、予測できるからであります。

コトバの使い方、マの置き方、声のメリハリ、速度の調節など、大いに苦心してやっているつもりでも、知らず知らずのうちに、くり返し運動の渦に巻きこまれてしまい勝ちです。ただ、くり返しの一回分だけをみると、いかにも複雑を極め、波乱万丈のようなのですが、結局、少し時間がたつと、聴衆は次のコトバや、次のマや、次の声や、次の速度が、予測できるようになります。

予測できるようでは、もう、それは単調なのでして、新たなる刺激とはなりません。

「しかし、知ってる唄《うた》を、他人に聞いてみて楽しめるのはどうだね？　文句も、節も、知っているから、予測通りなわけだが。」

という疑問がありそうですな。なるほど、次の文句も、次の節も、予測できるといえばいえます。だが相手は他人です。その文句の発音も、その節のフシ廻しも、あなたとは違ったものです。リズムが違います、テムポが違います。いわんや肝腎《かんじん》のマ（気合）が違っています。だから知ってる唄であっても、予測以外の興味があるわけです。

それに何よりも、唄というものが、演壇バナシのように長くないところ、――これが退屈を救います。いかに二三吉《ふみきち》（編集部注　藤本二三吉のこと）の「春雨」が名人芸だとしても、あれをくり返し三十分も聞いてご覧なさい、きっと単調で退屈するでありましょう。

声・眼・手・腹

一人が相手の場合と違って、大勢が相手の話ですから、

声の出し方、用い方

が違ってきます。これは演説・演芸のくだりで詳しく申しましょう。一人が相手のときよりも、大きい声が必要であることだけは、たしかですが、もっといろいろと専門的な心得があります。

眼の配り方、据え方

これも、相手一人の眼を、適当に見つめるのと違って、何百人、何千人、ときには何万人の眼が相手でありますから、大分違ってきます。演説のときと、演芸のときとでは、また大いに違ってきます。

手の置き方、用い方

ローマの修辞学者、弁論術の教授キンティアヌスは「手の動きこそ、万人に通ずる言葉なり」と言っています。手のない雄弁家も、手のない落語の名人も考えられません。

この他、足の置き方、水の飲み方、服装の整え方、いろいろありますが、それぞれふさわしき後の条《くだ》りで申します。

腹（この場合はむしろ胃袋ですが）、この備え方について――これは演壇話術に共通と思われますから――ここで申しましょう。

私の経験では、あまり空腹でも困りますが、あまり満腹でもいけません。が、どちらかというと、空腹加減の方が、具合がよろしいようです。

腹一杯、つまり胃袋一杯に食事を詰め込んだ直後などは、第一、声がよく出ません。胃袋の膨張で、呼吸器が圧迫されるせいですか、胃袋が一杯なので反響が悪くなるせいですか、非常に発声が苦しくなります。

声が生命の声楽家、歌謡曲家などは、舞台へ出る直前は絶対に食事を避けます。よくよく空腹時でも、軽くサンドイッチの数片をつまむとか、お菓子を少し食べる程度で、本格の食事は必ず舞台が済んでからです。

私どもの漫談では、声など多少悪くとも、差支えないようですが、声はとにかく、胃袋が充満していると、頭脳が思うように働かなくなります。そうなったら、漫談はもうカタなしです。

頭脳がボンヤリすると、コトバが活発に出て来ないのみか、舌がよく廻らないから始末が悪いです。この舌がよく廻らなくなる、すなわち歯切れが悪くなる、という現象は、トーキーの吹きこみをしていると、実にマザマザとわかります。あとで、自分が聞いてみると、腹一杯で喋った部分は、モタモタして聞いていられません。蛮声を張り上げ式の、演説なら好かろうと言う人があるかもしれませんが、腹一杯で怒鳴ってると、すぐに声が枯れてしまいます。

登壇直前満腹するなかれです。

第一、ゲップなど出たら、いかなる名言も、光を失います。

◉演説

主張する場合（演説心得六カ条）

自分の説を主張して、聴衆を納得せしめようというのですから、これが一番、演説という言葉にふさわしいものです。

議事堂での演説、選挙運動の演説、国民大会での演説、市会、県会、町会、村会での演説、労働争議での演説、雄弁大会での演説、その他の会堂演説、街頭演説など、みなこの内に入る。法廷における、検事の論旨、弁護士の弁護論なども、少しく性質は異なるが、やはりこの範疇《はんちゅう》に属します。

これらの演説に関する研究は、他の話術類と違って、昔から比較的深いところまで、進められている。したがって、いわゆる「雄弁術」に関する著書も、多数に存在する。また『世界雄弁集』『歴史的大演説集』『明治雄弁集』『大正大演説集』『学生大熱弁集』『十分間名演説集』といったような、速記録を集めた本もたくさん出ています。ですから、限られた頁《ページ》しかない、本書では、極《ご》くあっさりと触れておいて、在来の著書で余り述べられていない部門に、できるだけ多くの頁を残すことにします。

西洋では、古代ギリシャのデモステネス、ローマのキケロ、イギリスのピットなど、東洋では中華戦国時代の蘇秦《そしん》、張儀、本朝鎌倉時代の日蓮上人《にちれんしょうにん》など、歴史上の大雄弁家であり、近代では欧米諸大国代々の首相、大統領などはおおむね皆雄弁家であって、わが国も大隈重信、新島襄《にいじまじょう》、尾崎行雄、犬養毅、島田三郎、永井柳太郎など多数の雄弁家を出しています。

アメリカのリンカーン、フランスのクレマンソーなど、いずれも大雄弁家でありました。アメリカ前大統領ルーズベルトは、俗に言う滔々懸河《とうとうけんが》の雄弁家ではないが、巧みに聴衆に話しかけて、自分の思い通りに指導して行くところ、これもまた真の雄弁家と言うべしです。イギリスの前首相チャーチルも、これはいまだに健在で、ときどき、世界中を動揺させるような大演説をやっています。

以上の例でもわかるように、大雄弁家というものは、主として政治家、次に宗教家から出るもので、学者、軍人、芸術家、実業家などからは、あまり出ないようです。もしありとすれば、やはり政治的意識を帯びた人物か、宗教的情熱の所有者なのであります。

が、民主主義国家である日本の人民である以上、老若男女《ろうにゃくなんにょ》みな政治に関心を持つのが当然でありますから、これからの日本人は、ときと場合によって、堂々と自分の信念を主張し得るだけの、用意はだれでもが必要であります。

また、文化国家の一員として生きて行くためには、宗教的な信念、道徳上の意見、芸術的な主張など、随時随所に演説し得るだけの、心得があってしかるべきでしょう。黙って引込んでいるのが、結局はトクだ、なんて考えは至極封建的であります。何にでも一言述べたがる、一言居士《いちげんこじ》は困りますけれど、思っている大切なことが言えないというのは情けない話です。

次に、簡単ながら、演説心得六カ条を並べてみましょう。

第1条　自分が言わんとすることを、心の中に順序よく積み重ねておく。

念入りに草稿を作り、これを十分頭脳に納め込んでおいて、壇に立つときは草稿を離すこと。

順序よく積み重ねられた言葉、論理的に整然たる主張ならば、聞く方の耳にも順序よく、なるほど、ナルホドと首肯させながら入って行くわけです。さもないと、言葉が先走りしたり、逆戻りしたり、途方もなく脇道《わきみち》へそれたりして、喋ってる方でも始末がつかなくなり、聞いてる方でも混乱して、何が何だかわからなくなります。前にも申した通り、コトバは生き物ですから、ちょっと脇道へそれても、そのコトバが、コトバ自身の生命力で、子を産み、孫を産み、兄弟を引っ張りこみ、親友を連れてきて、止め度もなく発展して行きますから、うっかりしていると本道がわからなくなったり、本道がわかっていても、なかなか元へ戻れなくなるものです。

一席の興を添える漫談なら、それも面白いでしょうが、自分の主張なり、意見を述べようとする演説には、これは禁物です。

草稿を卓子《テーブル》の上に置いての演説は、とかく草稿に頼り勝ちとなり、自然朗読調が出て、コトバの持つ生命力がぬけてしまうおそれがあります。それに、視線が常に下へ注がれ勝ちとなって、聴衆の注意力を散漫にします。

ただし、統計表など、すべて大きな数字、細かい数字を必要とする演説は、その数字だけ小さな紙片に書いておいて、堂々とこれを読む、という方法は有効です。この場合は、読むという動作が、聴衆に正確という観念を与えます。あんまりスラスラと、

大きな数字など言いますと、
——あいつ、でたらめを言ってるのかな？
という疑いを持たれることがあります。

第2条　聴衆の状態によって、言語態度など変通自在に加減する。

演説は、哲学の講義や、詩の朗読や、新劇の台辞と違って、——わからない連中には、わからなくてもよろしい。では済まない。演説する以上は、そのときの聴衆に、よくわからなければならない。ところが、その聴衆というものが、ときにより場所に応じて、千変万化するものですから、演説の方も随時随所において、一番効果的なやり方というものが、異なってくるのは当然であります。

それも、演題が未定である場合は、聴衆の状態によって、適当なものを選べばよろしいが、すでに確定していて、ポスターで発表されているような場合は、否応《いやおう》なくその演題に従わねばなりません。そのときに、この変通自在が必要になってきます。

釈迦《しゃか》は「人を見て法を説く」と言いました。これは説教の場合も、演説の場合も同様に大切な心がけであります。

同じマルクスの主張を説くにも、相手がインテリぞろいであるときと、相手が筋肉労働者大多数であるときとでは、当然、コトバの選択や、ジェスチュアのありかたに、相違があるべきです。

同じ選挙演説をする場合にも、聴衆が都会人である場合、農村人である場合、あるいは男ばかりのとき、女ばかりのとき、などでおのおの有効なコトバというものが、位置を換えるものです。都会人が感動するコトバが、農村人の反感を招く場合があります。男を興奮させるコトバも、女には関せず焉《えん》の場合があります。

第3条　場所の状況如何《いかん》によって、臨機応変たること。

この条りは、前条の聴衆の如何と、密接な関係があります。場所によって、聴衆も変るわけですから、共通の問題をたくさん含みます。

A・まず会場についての注意が必要です。議事堂、裁判所法廷は別として、それが公会堂であるか、学校の講堂であるか、劇場であるか、席亭であるか、競技場であるか、野外であるか、によってそれぞれ話術が、多少なり変化をいたします。というのは、それぞれの場所によって、聴衆の心理状態が、多少なり影響を受けるものであるからです。すなわち、公会堂や講堂における聴衆は、比較的、真面目《まじめ》な気分になっているが、劇場や映画館であると、何んとなく浮わついた、娯楽的気分になり勝ちであります。また、野外の場合は、聴衆の注意力が、とかく散漫になり勝ちであります。演説者は、それをちゃんと、計算に入れておかないと、とんだ失敗をすることがあります。

たとえば学校の講堂などで、あまりにエロがかった比喩《ひゆ》は禁物です。その瞬間、聴衆はたちまち場所錯誤を感じて、暫時《ざんじ》、演説者から注意力を他へ向けてしまいます。たとえば、場末の寄席《よせ》などで、国会議事堂にふさわしいような、大演説をやると、これは一種の滑稽感《こっけいかん》を呼び起して、お茶番めいた感じを与えます。また、広い会場が、ガランとしていて、聴衆わずかに数名のとき、開口一番、

「満場の諸君よ!」

などといったら、もう取り返しがつきません。

B・郷土色を見損わぬこと。地方によって、色々さまざまの特色があるものです。うっかり、それを見損っていると演説が目茶目茶になる場合があります。甲州の演説会で、うっかり武田信玄の悪口でも言ったら、百の名言、千の金言も、一ぺんに効果を失ってしまいます。反対に、武田信玄を賞《ほ》め上げたら大喝采《だいかっさい》を博すること請合《うけあい》であります。もっとも、その賞め方が月並で、拙劣だったら、逆効果を来《きた》し

ますが。

また、日蓮宗の盛んな土地で、お題目を冷かしたり、お念仏を有難がったりする言葉は禁物です。宗教の熱情は大したもので、下手をすると弁士先生、袋叩《ふくろだた》きになります。

これは演説ではありませんが、浪曲の某大家、東海道の某町において、命カラガラ逃げ出した話があります。当人から私が直接聞いた話です。その夜、彼は、聴客感動のうちにだんだん語り進みまして、計らずもご宗旨の話が出た。見物を笑わせるつもりで、

「……悪いのは天理教です。屋敷を払うて田売り給《たま》え、天ビン棒のミコト、てんで狐《きつね》つきみたいな踊りをやらかします。」

とやっているうちに、客席が総立ちになって、

「とんでもねえ野郎だ、殺しちまえッ。」

という騒ぎ。その町には天理教の大教会があって、町民のほとんど全部が信者だったのです。

ですから、はじめての土地で演説するときなど、ことさら用心が肝要です。

それから、土地によって冗談を好む所と、冗談が大嫌いな所とがあります。

甲の土地で、大いに笑わせて喝采を博したからといって、それをそのまま乙の土地でやると、聴衆を憤慨させる場合があります。だいたいにおいて、都市を離れて田舎へ行けば行くほど、あまり笑わせることは控えた方が無事です。

第4条　自分性来の声、すなわち地声をよく鍛練すること。

演壇に立つからといって、他所行《よそゆ》きのツクリ声を出すのは、滑稽でもあり、悲劇でありますから、よした方がよろしい。

政党の院外団のいわゆる演説使いや、農村巡りの説教坊主《ぼうず》には、よく浪花節《なにわぶし》声でやるのがあります。無知な大衆なら、その第一声を聞いただけで、

「こりゃ、本職じゃわい――。」

と感心するでしょうが、少しく心ある聴衆なら、その声だけで演説者の人柄を見破ってしまいます。

また、しいて声楽のような、気取った声を出すにも当りません。

――声が本音でないから、言うことも本音じゃあるまい。

というような印象を与えます。

では、地声とはどういうものか?

森本厚吉博士の紹介された説によると、声の音質というものが七通りに分けられています。

1 平常的質 Normal quality

普通の気分で話すときの音質です。声というものは、百人寄れば百人違うもの、非常に似たような声があっても、音色機にかけてみれば、判然と異なるものであります。ですから、親しい間柄となれば、玄関の「今日は」という一声を聞いただけで、顔を見なくてもだれであるかわかるものです。盲人の聴覚はことに鋭敏で、かつて列車事故でなくなられた箏曲《そうきょく》の大家、宮城道雄さんなどは、遠くから「ャァ、宮城さん！」と声をかけると「ああ、徳川さんですか」と、即座に答えます。

2 口腔《こうこう》的質 Oral quality

平穏な感情を出すとき、柔和な気もちを現わすとき、弱った気もちを語るときなどに用いられる。温かい愛情を示すとき、美感を訴えるとき、などにも使用される。身心ともに疲れたとき、自然とこの声が出ます。唇を大きく開かず、咽喉《のど》も力を入れず、少しく鼻へかけて発せられる。やや調子の高い声です。

3 気音的質 Aspirate quality

恐怖、または感激を表わすオォォ！ とかアァァ！ というときの声です。空気が、緊張した声帯をほとんど素通りして、声よりもむしろ音響に近いものとなっています。内証話をするとき、これがよく用いられる。

4　朗々的質　Orotund quality

演説をするには、この声がもっとも必要です。ことに大きい会場、満員の聴衆に対しては、これでないといけません。がもっとも近来は、マイクロフォンというものがありますから、以前の演説会におけるほど、絶対条件ではなくなりました。けれども、マイクを当てにして小さい声ばかりでやる癖をつけていると、停電のときや、マイク自身の故障のとき、辛《つら》い思いをしなければなりません。また、今のところ、マイクのない会場もあるわけですから、いやしくも演説でもしようという人は、この声を養っておくべきです。

この声を出すためには、胸腔を力強く使うことを主として、すべての発声機関を動員しなければなりません。いや、発声機関のみならず、ときには全身の力を打ち込まねばなりません。大きく、明瞭《めいりょう》な、力強い、そして美しい声でありたいものです。

しかし、これを持続的に発声するためには、相当の鍛練が要ります。さもないと、これを少しく続けてやっていると、すぐに声が枯れてしまいます。

5　胸部的質　Pectoral quality

強烈なる感情、深甚《しんじん》なる尊敬、絶望的な落胆など現わす場合に用いられる。前の朗々的質よりも、さらに呼吸が猛烈で、声帯が緊張して、やや気音的質の傾向をもつ声です。これは、演劇の舞台ではしばしば用いられるもの、演説にも大感激を現わす場合は使用されるのですが、日常会話にはめったに出ない声です。

6　咽喉《いんこう》的質　Guttural quality

憤怒《ふんぬ》、あるいは卑劣の情を現わす声で、咽喉の反響のみで発声、全身ブルブルとふるえるほど緊張している場合もある。まァ、一種の唸《うな》り声です。

7　鼻腔的質　Nasal quality

いわゆるハナ声で、女人が甘ったれるときに活用する武器であります。演説のとき、たくましき男子が、あんまりこれを使用するのは考えものですが、ガギグゲゴの音は、鼻へぬけさした方が、きれいに響きます。その他の場合でも、適当に鼻へぬけさせる声は、聴衆に音楽的快感を与えます。

以上七ツの他、泣き声、笑い声、怒り声など、別の質でありましょうが、要するに、一番重要なのは、第四番目の朗々的質であります。これを修得するには、何より実地の鍛練、すなわちできるだけ頻繁に、演壇に立つことです。義太夫《ぎだゆう》を稽古したり、謡曲を習ったり、声楽を勉強したりするのも、よい方法です。しかし、くれぐれも地声を失わないことが肝要です。地声を失うことは、声の個性を失うことになり勝ちです。沙漠《さばく》で大声を出し、海岸の波濤《はとう》に向って叫ぶのも、一つの鍛練法です。しかし、この場合、咽喉をつぶし切って、例の浪花節にならないようご用心のこと。

第５条　会場の広狭、聴衆の多少によって、声の調節を計ること。

広い所では大きな声、狭い所では小さな声、このくらいは三歳の童児も心得ていますが、さて広いといっても、その広さに幾通りかあり、狭いといっても、千差万別です。

東京の会場を例にとると、日比谷公会堂、日本青年館、サンケイ・ホール、大隈《おおくま》会館、野天会場では日比谷新音楽堂、後楽園スタディアムなど、いずれも広い方ですが、声の出しかたはそれぞれ違います。

このうち、一番声が楽なのは大隈会館です。ここはマイクなしでも、十分に声がとおります。反響の設計が、実によくできていて、舞台の音は、全部客席へ向うようになっています。その代り、演説者の耳に、自分の声の反響がほとんど返ってこないから、まるで野外で喋ってるような気分になります。いかに大きな声を出しても、口から一尺ばかりのところで、スウッと消えてしまう感じなのであります。実は、あまり気張らないでも、客席の隅々まで、ちゃんと聞こえているんですが、馴れない人はあわててしまいます。

日比谷公会堂、日本青年館も、聴衆が静かならマイクは要りません。サンケイ・ホールは創立が比較的新しいので、いつもマイクが用意されてありましたから、マイクなしで行けるかどうか、断言はできません。しかし、両国のメモリアル・ホール（編集部注　かっての国技館のこと）ですら、野次さえなくばマイクなしでとおります。もっとも、これは相当の大声で、そして反響を注意して、ゆっくりやらないと駄目です。

日比谷新音楽堂、これはマイクなしでは全然無理です。しかし、椅子《いす》席一杯の一万人程度なら、短い演説はマイクなしで行けます。そのときは、ステージ中央の、やや奥の方へ立ってやらねばなりません。背後からせり出している半天井が、椅子席全般に声を反響させるようにできているからです。それを知らずに、客席に近いほど、よく聞えるだろうと思って、ステージの鼻っ先に出てやると、これはもういかに大声を出しても、すぐ前の人たちに聞えるばかりで、さっぱりとおりません。

後楽園スタディアムは、元来野球場なのですから、音の反響など考えて設計されていません。マイクなしでは、問題になりますまい。もっとも、ここだけは私も、出演したことがありませんから、本当のところはわかりません。

以上、東京五カ所の広い会場でもわかるように、ただ広いといっても、おのおの会場によって声の用法が違ってくるのであります。同様に、小さな会場、狭い会場だから、と思って馬鹿《ばか》にしてかかると、あに計らんや、恐ろしく声の要る所があるから、油断はなりません。

では、会場に対する声の調節手段を、順序に並べてみましょう。

A・登壇前に会場の大小広狭を目測する。

平面的に広さを目測し、立体的に大きさを目測する、すなわち天井が高いか低いか、客席は一階だけか、二階か三階か、など。ついでに、窓や扉が開いてるか、閉ってるかを見届けておく。開いてるのと閉っているのとでは、声の要り方が大変に違います。

B・登壇前に客席の頭数と聴衆の種類を読んでおく。

頭数が殖《ふ》えるに従って、声が余計に要るものです。人間の身体《からだ》一個の存在が、おのおの音波の妨害物なのです。客種がよろしくないと、小さな会場でも目が廻るほど大声を出す必要が生じます。

C・登壇後、第一声から耳を澄ませて、会場の反響を聞く。

この反響は、聴衆の反響でなく、建築物の反響です。まず、このくらいと思って、第一声を出してみて、反響もなかったら、少しずつ声を大きくする。そして反響を感じたら、それを常態の声として演説を進める。最初から、ガンガン反響が聞えるようだったら、声をだんだんと落して適当な反響のところで止める。

この適当な反響というものは、初心のうちはなかなかわかるものでありません。しかし、その心掛けがあってやるのと、我武者羅《がむしゃら》に大声さえ出せば好かろう、とやるのでは進歩の速度が違ってきます。

反響といっても、木霊《こだま》のように、そっくり言葉が反《かえ》ってくるのではありません。自分が喋ると同時に、音波は会場の正面にも、横にも、天下にも走って行って、衝突して、また自分の耳に帰って来るわけであります。だから自分が喋ってる最中に、その音波を耳で聞かなければなりません。ほとんど一種の勘に近いものであります。

D・客席の最後方を見て、声が達しているかどうか確めること。

Cの耳だけでは、実は不十分なのであります。なぜかと言うと、建築物によって、反響が客席の奥から来ず、中途からガンガン来る場合があるからです。たとえば、天井に妙な出っ張りがあって、そこから反響がジャンジャン来る、これで好いと思って、喋っていると、客席の半分から向うへは、全然とおっていないなんてことがある。また、三階の一番奥へビンビン聞えているのに、一階の後方には、さっぱり聞えていない、などということもあります。

だから、客の顔を見て計るのです。そういうときは、何か少し笑わせるようなことを言って見るのです。こっちの言葉に答えて、すぐ笑い顔が見えたら、聞えてる証拠です。

第6条　聞かせるのが半分、観《み》せるのが半分と心がけること。

演説は、自分の主張を、聴衆にわからせ、説得すれば好いのだから、喋ることさえ完全に行けば、それでもう目的は達したのである、とこう考え勝ちなのですが、それがとんだ量見違いであります。

第一に、わからせるためには、コトバの他に、表情や、動作や、服装や、いろいろの力を借りなければ、とてもわからせられないものであります。少なくとも、いろいろの力を借りた方が、楽にわからせ得るのです。

次に、説得するためにも、コトバの他に、自分のもってるあらゆるものを、利用すべきです。コトバだけで説得できるなら、自分が出張しなくても、蓄音機で、同様の効果が上がるはずです。ところが、たとえば選挙の応援で、吉田茂・池田勇人《はやと》本人が来る代りに、蓄音機のレコードとかテープの録音が来たらどうですか？　まるで効果が違ってきます。当選するところを、落選になったりするでしょう。

A・手の置き方、用い方

エジプトの象形文字を見ると、舌の下に手を置いた形をもって、コトバという字にしているそうです——もっともこれは舌だけでは食う方味《あじわ》う方だけに取られるから、舌を手の如く動かすという意味で、そんな字に作ったのかもしれませんが。とにかくコトバに手が加わると、一層雄弁の力を発揮できることは事実です。

しかし、この手を用いるということは、実はなかなかむずかしい。日常の話をしているときは、だれでも無意識のうちに、巧みに手を使っているんだが、さてそれを意識して使う段になると、動きがとれないのです。

素人《しろうと》が舞台で芝居をするとき、真先に困るのは手の置きどころです。手を何所《どこ》へやったら好いのか見当がつかない。手が邪魔になって困るのです。演説の場合もその通りで、一旦《いったん》気になり出すと、手の処分に往生して、喋る方がお留守になったりします。

福沢諭吉が、三田の高台に立って、生れてはじめての熱弁を振るった、これが一説にはわが国演説の始まりということになっていますが、そのときさすがの彼が、両手の処置に窮し、いろいろ苦心の結果、両腕を胸のところで組んで、どうやら落ちついた、という話が伝えられています。諭吉先生のような、大人物にしてしかりです。普通の人間では手が気になって、演説が巧く行かないなど、常にある例です。

「いや、僕は、手のことなぞ全然気にならなかったね。もう無我夢中で喋ったからねえ。」

これではなんにもなりません。手が気になるのは、いくらか落ちついてる証拠でもあるわけです。

で、手の置き所ですか、諭吉先生みたいに両腕を、胸で組むのも一つの形、両手を腰にあてる、両手を背後で組むのも一つの形、片手を腰にあて、片手を遊ばしておくのも一つの形、その他いろいろ好い形があるでしょう。

しかし、いかに好い形でも、終始そのままでは、当人も、見ている方も、飽きてきます。演説の進行に従い、適当に形を変えるべきであります。あんまり、目まぐるしく、体操の如く恰好《かっこう》を変えるのは、もちろん、みっともなくていけません。

両手をポケットに入れたり、両手でお尻《しり》を押えたりするのは、あんまり歓迎できませんが、これとても、演説の内容如何によっては、聴衆に親しみをもたせる効果があるかもしれません。

要は、見た目がギゴチなくないよう、極く自然に見えるよう注意すればよろしい。

以上は、手の置き方ですが、さらにその用い方も研究して戴《いただ》きたい。

「手なくして、雄弁なし」という有名な言葉があるが、これはゼスチュアを伴わぬ雄弁なし、という意味です。ゼスチュアは全身で示す形でありますが、その主役を勤めるのが両手であります。

「よろしく打倒すべし！」

と口だけで叫ぶよりも、同時に右手の拳《こぶし》を力強く、打倒する勢いで振った方が、聴衆に深く激しい感銘を与えます。

ことに、大きな会場で、後方の聴衆には、演説者の言葉が十分にとおらず、その表情もよくわからないという場合、このゼスチュアが、どのくらい理解を助けるか、それは想像以上の効果があるものです。

唖者《あしゃ》は、手だけで話をすることができますが、まことに「手ハ口ホド」にものを言うものであります。

だからといって、これも限度があるわけでして、あまりにチョコマカ動かしたり、あまりに大袈裟《おおげさ》な形をしたりするのは、演説を下品にし、聴衆の不信と軽蔑《けいべつ》を買うものであります。また、あまり汚すぎる手つき、あまりに写実的な身ぶりなども、演芸じみて好くありません。

しからば、どの程度がよろしいか、一言にしては申せません。これは各自が登壇の機会ある毎《ごと》に研究し、雄弁家たちの雄弁ぶりを見習い、先輩や友達に容赦なき批評をしてもらうなど、自分で苦労をしてみなければ、会得《えとく》できるものでありません。

大きな鏡を前にして、稽古を積むのも一つの方法です。映画俳優などは、鏡を前にして自分の表情を研究したり、形を整えたりしますが、なかなか好い勉強になります。

演壇の卓子を利用することも、忘れてはなりません。ときには、両手を卓におくもよろしい、ときには、片手を卓において、片手の拳を突き出すも結構、またときには、

「そんな馬鹿なことがありますかッ！」

で、ドンと卓を鳴らすも一法です。

B・足の据え方、運び方

足は少しく開いて、踏ん張り加減に立つがよろしい。踵《かかと》をお行儀よくピタリとつけているのは、見た目がギゴチないです。もっとも五分間演説といったような、短い場合は別です。卓子が、自分の身体に対して、大きすぎる場合は、両手を突っ張って、爪立《つまだ》つのも結構です。先年九十五歳の長寿を全うされた尾崎咢堂《がくどう》さん（編集部注　尾崎行雄のこと）は、あの通り小柄な人でしたから、多くの場合爪立ってやられたようです。咢堂さんほどの人でも、そうした用意はしておられたのです。だからこそ、一たび壇上に立つや、あの広い議事堂に、小さな彼の身体が、一杯にハダかって見えるのであります。

名優になると、小さな男でも、大舞台一杯にハダかって見えるものですが、反対に、

凡優になると、どんな大男でも、舞台では小さく見えてしまいます。天下の横綱が、土俵入りをしていると、ますます巨人に見えるが、これが選挙の応援に頼まれて、馴れない演壇に、恐縮しながら登って、何かモソモソと言ったりすると、ひどく小さく見えてきます。

かつて、ある所の楽屋で、春風亭柳橋君に向ってある人が、初対面の挨拶《あいさつ》をして、「おや、先日、歌舞伎座《かぶきざ》の名人会で拝見したときは、もっと大きな人だと思ってましたがねえ。」

と感嘆したり呆《あき》れたりしていました。

柳橋君は小男ですが、その態度が実に悠容迫らず、おそらく彼が舞台の横に姿を現わしてから、中央の壇につくまでに、すでにその客に大きな印象を与えてしまったのでしょう。

一旦喋《しゃべ》り出したら、彼氏級の落語家なら、どんな大舞台でも一杯になります。が、柳橋君は出るときから、すでに堂々としています。

なぜ、私が、ここに彼をもち出したかというと、演説家もやはり、出るときが大切だからであります。出るとき、すなわち、その歩き方が大切なのであります。

演説者が、聴衆の視覚内に入ってから、演壇に歩いて行き、一礼する――これだけの間に、聴衆は鋭く観察眼を働かせる。

――この先生は、きっと好いぞ。

――あ、こいつはダメだ。

などと判決を下します。一旦、悪く判決されると、あとでいかに雄弁をふるっても、なかなかそれを覆《くつが》えすわけにいきません。

だから、あの短い距離の間の、歩き方は大いに研究する必要があります。

これも手の場合と同じで、日常町を歩いたり、座敷を歩いたりしているときは、自分の歩いてたことを気にしないからよろしいが、さて、数千数百の眼が注がれているとき、ふと自分の歩き方が気になってくると、身体がスクンだようになってしまいます。

足音させないように、虚心坦懐《たんかい》に壇を登り、卓にたどりつくことができれば、これはもう一人前以上の演説家です。

しかし、この虚心坦懐が、非常にむずかしいことで、私自身なかなか、そうは参らないのであります。永井柳太郎ほどの大雄弁家でも、登壇直前は、心臓の鼓動に変調を来したそうで、これは永井先生の告白だから間違いないでしょう。

それから出と同様に大切なのは引っこみです。これがとかく閑却され勝ちであります。

出て来たときも立派、演説も立派、ところが引き下るときに、馬脚を現わして、聴衆を失望させたり、笑わしたりすることがあります。

——やれやれ、これで済んだワイ。

と、気をゆるめるのがいけない。

——すんだから、一刻も早く逃げよう。

と、いうふうな引っこみ方は、なかんずく、損であります。

聴衆に与える第一印象も重大ですが、最後の印象はさらに重大だといえましょう。いわば、これが仕上げであります。

C・眼の据え方、用い方

登壇する、お辞儀をする。さてオモムロに客席の方を見廻す。この見廻しが大切です。

ピョコンとお辞儀をして、頭を上げるや否《いな》や、ベラベラ喋り出す——これでは、聴衆が馬鹿にしてしまいます。

お辞儀も、あまり丁寧すぎてイケず、軽すぎてイケず、むろん高慢チキはなおイケず、頭の下げ方にもコツがあるわけです。だいたい、胸から上だけを曲げる心もちでよろしい。腰から下の方まで曲げると、卑屈な感じ、媚《こ》びた感じとなります。頭だけではまた、傲慢《ごうまん》無礼に見えます。

お辞儀がすむと、今度は一通り客席を見廻すわけですが、近くから遠くへ、曲線鉤《かぎ》の手《て》型に及ぼすのが、原則としてよろしいようです。

たとえば、壇から見て、左近くの所から、視線を右に移し、右から斜めに左のやや奥へ進ませ、それを右の一番奥へもって行く。

二階、三階と客席のある場合は、その進行線を一階の奥へ行く途中で、二階にもって行き、さらに三階に達して止まる。

一つところを二度見たり、左右上下とキョロキョロ見たりすべからずです。

ときと場合によって、この見廻しが客に親しみを感じさせたり、これが客に威圧を感じさせたりする手段にもなります。

さて今度は、演説中の目の据え方です。

一番理想的なのは、聴衆が、

――直接視線は来ていないが、たしかに演説者は、俺に注意している。

と、感ずるような眼玉のおき方です。こいつなかなかむずかしいですが、眼の焦点をどこにもおかず、極く自然に、眼を開いていれば、だいたいそういう感じが出ます。

もちろん、この場合横眼になったりしてはいけません。始終天井を見上げていたり、窓の外に視線を釘《くぎ》づけにしたり、卓子の上をジッと見つめたきりなどはいずれも落第であります。

次に演説中の眼の用い方ですが、雄弁家の村井知至《ともよし》先生はこう言っておられます。

「強い決意または堅実の目的を示すとき、あるいは確定したる命題を述べるときは目をすえる。壮大、厳格または崇高なる性質の強烈な情感において、確乎《かっこ》不動の意を示さんとするときも、目をすえていねばならぬ。恥辱または悲哀を示すには目を下に向け、または背ける。思案を表すには空虚な所に目を向ける。疑惑と不平とを示すときは種々の方向に転ずる。」

これはすでに表情の域に入っている技術であります。が、これも断じてお芝居になってはいけません。あくまで、演説の品位を落さない程度でありたいものです。

D・水の飲み方、服の整え方

演説に熟達した人が、登壇直後、落ちつき払って、フラスコの水をコップにあけ、おもむろに咽喉をうるおす――これはやはり一種の無言の演説になって、客席をシンとさせ期待をもたせることに役立ちます。

しかし、馴れない人がこれをやると、その間、単に水を飲んでるだけの印象になり勝ちです。すなわち、演説家でなく、ただの男が水を飲んでる感じになるのです。そうすると、聴衆の気もちに余裕ができて、もし野次る気でもあれば、この瞬間に何か痛烈な一言を浴びせかけます。演説者の構えに隙《すき》ができるから、ポンと打ち込まれるのであります。

また演説中に水を飲むのも考えものです。熟練した人なら、巧みにマを生かして、水を飲む間も、無言の演説を続けているからよろしいが、下手に水を飲むと、いわゆる半マな動作になって、隙を生じます。

「あんまり飲むなよ！」

なんて野次がとぶのも、こういうときです。

文芸講演会で、ある青年文士が登壇しましたが、この人は水を飲むとき、痛烈な一発を喰らって、すっかり上ってしまい、ますます水を飲むもんだから、ついに聴衆から、

「もう一杯！」

と命令された。

言うがままに、もう一杯飲むと、聴衆は図にのって、

「そこでまた一口飲んで！」

「コップを置いて！」

「またコップをもって！」

と、次々に命令を下し、その文士先生は、催眠術にかかったように、聴衆の命令通りに動き出し、満場大ゲラ笑いとなり、講演は目茶々々となりました。

咽喉が干《かわ》いたからといって、水を飲むと、反ってその干きが烈《はげ》しくなり、声を枯らしやすくなります。

演説をして、咽喉が干くということは、声帯その他の器官が、充血して熱くなってることなのですから、そこへにわかに冷たいものを流し込んだら、いけないに決まっています。だから、ぬるま湯なればよろしいのです。

昔、私は映画の説明中、暑くて堪《たま》らず、氷水をとって、画面が大活劇で音楽をやってる最中、大急ぎでそれを飲んだ——飲んだというより、ジャリジャリ嚙《か》んで無理に、大急ぎで平らげた。すると、音楽が終って、いざ喋ろうとすると、驚いたことに、声がピタリと止って出なくなった。いかに工夫しても、シャガレ声すら出ないのであります。急に咽喉を冷凍したわけですな。

原則として水を飲むなかれです。

飲み出すと習慣になりますから、飲まないで喋る癖をつけることです。私は信州の講演会で午後二時から五時半まで、一滴の水も飲まないで、話したことがあります。けっして苦しいことでもなければ、辛いことでもありません。第一、咽喉が干かないのでした。

服装はキチンとしていなければなりません。登壇前に、手洗所なり、化粧室なり、控室なりの鏡で、一応、上半身だけでも、自分で検査すべきであります。これは単なる、お洒落《しゃれ》ではない。聴衆に対して失礼のないよう、好い感じを与えるよう、演説者たるものの身だしなみ、一つの義務であります。ネクタイが曲っていたり、チョッキのボタンが一段ズレていたり、パンツの前ボタンが一つハミ出していたりなどは、演説効果を三割も五割も低下させます。

E・野次の捌《さば》き方

野次を大別すると三種あります。

①好意による野次
②悪意による野次
③発作的なる野次

①の野次は、応援のつもりで発せられるのです。が、馴れないうちは、この応援野次でアガってしまうことがあります。

「よう、シッカリ！」

と怒鳴られたとたんに、身体がガタガタふるえ出したりします。応援されてるんだか、叱《しか》られているんだか冷かされているんだか、壇上からなかなか区別がつかないものです。

②の野次は、始めから妨害するつもりで、期待してるんだから、こいつはタチがよろしくないのです。選挙演説の場合は、反対党なり競争相手なりの野次ども、講演会の場合は、思想等が反対だったり、憎悪《ぞうお》していたりする連中、いずれも野次り倒す意気ごみで控えているんだから物騒です。

こうした野次には、どう対処すればよいか？

原則としては野次は黙殺すべしであります。

聞えないふりをしてもよろしい。聞えてはいるがいっこう平気だ、という様子ができれば、なおさらよろしい。いかに野次られても、涼しい顔をして、一糸乱れず演説を続けて行き、そしてそれが場内の隅々まで透徹すれば、しまいには野次の方で降参して、おとなしくなります。

しかし、あんまり悪質の野次で、どうしても腹にすえかねる場合、もしもその演説者に、当意即妙の自信があるなら、一本切り返すのも結構です。その代り、その一本で、相手がギャフンとなり、他の聴衆がドッと笑って、思わず喝采する、というくらいのものでありたいです。二本も三本も、打ちこまねばならないような応酬なら、止《や》めた方が無事です。それこそ、野次との問答が主になって、肝腎《かんじん》の演説がどこかへスッ飛んでしまいましょう。

選挙演説会などで、反対党の地盤に切りこむとき、これはもう聴衆の大部分が悪意ある野次馬連中なのですから、ときには、先手をうって野次の封殺を試みるがよろしい。

正面から衝突すれば火花が散ります。後方へ廻って、先方が行こうとする方向に、こっちも一時行くのです。たとえば、反対党の政見の一部を賞めるのも一法、あとでデングリ返しにすればよろしい。また反対党の候補者を、大いに賞め上げるのも一法、喋ってるうちに、こっちの候補者の方が、もっと上等であると証明すればよろしい。また、敵味方共通に、尊敬する英雄なり、聖人なりを、冒頭に持ち出して、野次の気勢をぬくのも一法です。また、今の世の人間なら、だれでも例外なく悩んでいる問題について、聴衆と悩みを共にしている状《さま》を語れば、野次の気もちも他愛《たわい》なく同感の淵《ふち》に落ちこむでしょう。一度同感した以上、野次の鋭鋒《えいほう》はもう鈍くなるものです。

③の野次は、全然黙殺にしてもよし、ときに、ちょっと相手になってもよしです。

もともと、発作的に大きな声を出すような連中ですから、そんなに悪質なのはありません。

大勢の人が集まっていると、何か怒鳴ってみたい衝動が起こる、一種の病人です。自分を、誇示したいという、本能的な小児的な虚栄心から発した病気です。

理解させる場合

これは演説というより講演とか講義とかいった方が、ふさわしいのであります。が、やはり一種の演説には相違ありません。

ただ、前者は主張が眼目であり、これは理解が眼目なのであります。しかし、主張を貫徹するためには、理解をさせることが必要であり、理解させる問題には、何等かの主張が含まれているわけですから、根本は一つで、そこに截然《せつぜん》たる区別はつけられません。が、便宜上前者を正演説とし、これを講演と名づけてお話を進めますと、演説は滔々《とうとう》たる熱弁が花形であるに対し、講演は諄々《じゅんじゅん》たる達弁が本筋なのであります。

講演を大別して、学術講演、宗教講演、芸術講演、趣味講演、および教室講演の五ツとします。最後の教室講演は、つまり講義であります。これを杜撰《ずさん》ながら図表にしますと、次のようなものでしょう。

A　学術講演　①　文化―国語、歴史、地理、哲学、政治、法律、経済等
　　　　　　　②　自然―数学、物理、化学、天文、地文、動物、植物、鉱
　　　　　　　　　　物、生理、遺伝等

講演

B　宗教講演―神道《しんとう》、仏教、キリスト教、回教等
C　芸術講演―文学、美術、音楽、舞踊、能、演劇、演芸等
D　趣味講演―衣裳《いしょう》、料理、住宅、園芸、旅行、スポーツ、囲碁、将棋、奇
　　　　　　談、逸話
E　教室講演―大学、専門学校、高等学校、小学校等、各種学校の各課程

このうち、A①、B、Cのある場合は、互いに主張するところが異なり、大論戦を展開することがあります。そうなると、講演よりもいわゆる演説に近くなるわけです。A②、D、Eの場合は、めったにそんなことは起りません。ことにEの場合は、先生が生徒に、教壇から説いていればよろしいので、何の波乱もありません。もっとも生徒に不良がいて、飛んでもない質問でも出れば別です。

A・学術講演を、もっと面白く、もっとわかり易《やす》くしてもらいたいものです。

「ワシは学者じゃから、お喋りは専門外じゃよ。第一学問ちゅうもんは、面白いのおかしいのちゅうもんじゃァない。真理は、厳粛なもんじゃ。面白い話が聞きたけりゃ、

寄席へでも行くんじゃねえ。なにもワシは芸人じゃないんじゃから、聴衆の機嫌はとる必要がない。わかる人間だけわかればよろしい。」

こんな頭では、真理が果しておわかりかどうか疑問であります。真理はけっして、特別の少数人にのみ専有さるべきものでない、万人のものであります。

それも、教室や講堂で、専門に研究してる連中を相手の、講義ならいざ知らず、いやしくも講演と名乗って大衆相手に喋る以上、自分の学説を解《わか》らせるだけの話術は、是非とも必要でありましょう。

「しかしじゃねえ、小学生相手に、たとえば、高等数学をいかなる話術で説いても、わからせることは不可能じゃろう?」

ハハハ、何を仰言《おっしゃ》るんですか。聴衆を小学生と知って、その講演を引き受けたら、それは先生、あなたがバカなんです。また、会場に行って見るまで、小学生とは知らなかった、という場合なら、遠慮なく内容を替えて、小学生にわかる話をなさればよろしい。なにも高等数学でなくても、下等数学でも結構です。小学生が興味をもつ話、いくらもあるはずです。

そんな極端な場合でなく、私が申したいのは、当然、わからし得べき聴衆にも、わからし得ない先生たちの、不勉強を責めるのであります。もっとコトバをお選びになって、もっとハナシ方を心得ていらっしゃれば、先生のお話しなさる真理が、もっと多数の人たちに理解されます。是非とも今後は、そういうふうにお願いしたい。文化国家として生きる日本においては、学校の先生方が大いに、社会人としても活躍する必要があります。あらゆる真理を、民衆の間にスピード配給する必要があります。

どうか日本の民衆に、正しい国語を示して下さい、科学的な歴史を説いて下さい、論理的にモノを考える癖をつけて下さい、健全な心理作用を話して下さい、守るべき新時代の倫理を発表して下さい、立派な政治のありかたを指導して下さい、法律に対する無意味な億劫《おっくう》がりを直して下さい、世界につながる経済観念を教えて下さい、頼みます。それには、あなた方が、もっとハナシ方が巧《うま》くなる必要がありますね。そりゃ、巧い方もあります。しかし遺憾ながら、今のところ甚だ少数です。

どうか日本の民衆に、もっと電気の知識を普及さして下さい、メチルの分子式ぐらいだれでも知ってるようにして下さい、太陽の大きさぐらい三歳の童子でもわかるようにして下さい、富士山は何時《いつ》ごろできたか農家の奥さんでも知ってるようにして下さい、ファブルの昆虫記を小学生が愛読する世の中にして下さい。甘藷《かんしょ》畑を見てアラ、毒ダミよなんて言う女学生がいない世の中にして下さい、厚着さえすれば孫は風邪を

射能の如《ごと》く、聞くもののすべてを説得する、——これぞ大雄弁です。

「そんなら、話術なんてものは、無駄じゃないか?」

と、早合点はイケマセン。だからこそ、われわれ凡人は、話術でも研究して、せめて釈迦やキリストの足元にぐらい達しなければならないのです。

われわれは皆不完全な人格の所有者です。しかし美しい点や、鋭い一面も、持っているはずです。ときには真理を発見しないでもありません。発見しないまでも、学んだ真理を、雄弁によって、他の人々に伝えなければなりません。それが人間の喜びであり、義務であります。

C・芸術講演は、今後の日本において、もっともっと盛んにならねばならないものです。

——芸術は文化の顔なり
——芸術は文化の始なり
こんな諺《ことわざ》があるかどうか知りません、ただ私は、まったくそうだと思います。

ところが、どうも芸術家に、雄弁家は少ないようであります。さすがに文学者はコトバをペンであやつる職業だけに、相当、講演の上手がいます。そんならペンでなく、口でコトバをあやつる、講釈師や、落語家や漫談屋はどうだ、定めし巧かろう? と思うと、これが大当て外れです。稼業以外の講演などは、たいていの先生方がゼロであります。

「そう言う君はどうなんだ?」

と来ましたね。まさか、自分でもゼロとは思いませんが、やっぱり五十歩百歩でしょう。昔から、何かの講釈をする男は、まず斯道《しどう》の三流ぐらい、と定まってるようで

——いや、まったくの話。しかし、大道で喋る囲碁の定石でも、定石であることは確かです、知っとけばそれだけ力がつくというものです。まァ、笑わずに聞いて下さい。

さて、芸術家連の雄弁ですが、例外はどこにでもありますから、持ち出さないことにしてですな、遠慮なく申して、

——美術家は……まるでイケマセン。

——音楽家は……ほとんどダメです。

——舞踊家は……全然なっとりません。

——演劇家は……まァポツポツです。

——演能家は……お上品なばかりで。

——演芸家は……至極ダラシないです。

では、これらの批評家はどうか? と申すと、これも書かせれば大した能弁、恐る

べき雄弁ですが、演壇に立たせると、五十歩五十一歩ぐらいです。
「演説や講演の類は、絶対に断わることにしてるんだ。バカバカしくてあんなものやれるか？」

などと、公衆の前で喋れないことをむしろ芸術家の誇りみたいに思ってる人もあります。

むろん、そういう大芸術家もあって結構ですが、雄弁家にしてかつ大芸術家というものがあっても、けっして不名誉じゃありますまい。また、雄弁家にして中芸術家、大雄弁家にして小芸術家なども、大いにいてもらいたいと思います。

これら芸術家の雄弁諸君が、熱烈な心をもって、都市はもとより、農村漁村に行く、炭山鉱山に行く、日本全土に芸術の花びらを撒《ま》き散らす、芸術の種を植えつける。すると将来いかなる日本が生れるでしょう。

「おッ母ァ、おめえ『罪と罰』みてえな、探偵小説べえ読んでねえで、チェホフの短編を今度は読んでみな。シミジミしてて、とても好《え》えもんだぞよ。」

と、野良《のら》でお百姓が言う。

「ほうれ日の出だ。いつ見ても凄《すげ》えもんだな。アンだと？　横山大観の画みてえだとやァ？　馬鹿こけッ、セザンヌでねえと、このギラギラは描けねえだ。」

と、沖で船をやりながら、漁師が論ずる。

「今日のジャズは、とても掘り具合が好かったなァ。事務所の放送係りに注文して、明日は何かクラシックのマーチをやってもらうかな、どうだサキヤマ。」と、昼食時間に採炭夫が相談する。おッとシキは騒音でジャズもとおらないですか？ そんなら鉱夫長屋へ帰って、女房とショパンを聞くことにしてもよろしい。とにかく、そんなふうになったら、日本もユートピアに近くなるわけです。

D・趣味講演というものが、もっと発達すれば、私たち日常の生活が、いかに楽しい明るいものになるか、想像以上のものがあるでしょう。

同じ材料で、いかにみごとな、スマートな服装ができるか、を面白く衣裳哲学を混えてこの道の達人に語ってもらいたいです。

同じ経費で、いかに美味《おい》しい、カロリーに富んだご馳走《ちそう》ができるか、美味を真の立場から、愉快に論じてもらいましょう。

同じ九尺二間の長屋住いも、ちょっとした工夫と飾りつけで、いかに明るい居心地が好い家となるものか、お座敷美学と、家庭衛生学の組み合わせで、伺いたいものです。

同じ花壇や菜園の手入れにも、頭の中に植物学や、昆虫学の、趣味知識があるかないかで、面白さの間口と奥行きがずっと違ってきます。同じ車窓から見る風景でも、歴史や地理の裏づけがあると、一見平凡な山も詩となり、一見つまらない川も絵となります。

同じく野球を見ていても、単に勝負を面白がるだけでなく、スポーツ精神を正しく理解していれば、人生の好ましきフェヤ・プレイはどんなものか、人生の慎しむべきスタンド・プレイはどんなものかが、覚《さと》れるでありましょう。

同じく石を打ち、同じく駒《こま》を進めても、これをもって実社会の縮図と玩味《がんみ》すれば、勝っても敗《ま》けても、それを楽しむ境地に入ることができます。そして、人生の悟道をこの小天地に得ることもできます。

奇談、逸話、その他日常生活に関するさまざまの趣味講演を聞くことによって、どれほど私たちの話題が豊富になり、どれほど私たちの生活が愉快になるか、言うまでもありますまい。

落語よりも、講談よりも面白く聞かれる趣味講演、それが今日の日本には、絶対に必要であります。

E・教室講演、すなわち学校の講義は、先生方の話術上達によって、今日よりはるかに効果的、能率的にできるでしょう。

とにかく、毎日喋っている仕事ですから、ある意味では、全然ハナシの玄人《くろうと》なのでありますす。だから、生徒に理解させる、という技術は相当にできているはずです。が、感激させたり、面白がらせたりする点に行くと、どうも皆さん不得手でいらっしゃる。

——学問は神聖なり、故《ゆえ》に面白いなど不真面目《ふまじめ》なことはむしろ冒瀆《ぼうとく》なり。

などと、お考えの方はありませんか? それこそ、飛んでもない量見違いです。学問を面白くないものにしてしまう人こそ、大した冒瀆をあえてしてるわけです。

学問とは、真理を学ぶこと、そして真理を学び得たときには、必ず喜びが伴うものです。糞《くそ》真面目に理解させたのでは、単に学問を叩《たた》き込んだに過ぎません。面白く楽しく、感動とともに会得した理解こそ、魂にまで浸透する学問なのです。

大学の先生方よ、もっと巧く講義をハナシてご覧なさい。あなたの教室は、聴講生がもっとたくさん押しかけるでしょう。

高校・中学の先生方よ、もっと面白く授業をして下さい。先生が病気で休講すると、生徒が大喝采《だいかっさい》では困りますね。

小学の先生方よ、次の時代の国民を、強く、明るく、正しき文化人にする教育の基礎は、あなた方に委《まか》せられているんです。子供は例外なくオハナシが好きなものであります。どうか、どの時間も面白くハナシて、教えて頂きたい。ついては、皆さんのコトバですが、どうか標準語でお願いいたします。

大学や中学・高校の先生が、ナマリだらけでも、生徒が標準語を心得ていれば、差支えありませんが、小学校の先生がズーズーや、オマヘンや、バッテン言葉では、生徒がたちまち影響されるから、恐ろしいのであります。

――標準語なくして文化国民なし。

式辞

A・祝辞

結婚式、金婚・銀婚式、還暦祝賀会、卒業祝賀会、創立祝賀会、劇場開場祝、満何周年記念会、その他大きな祝賀会などの目出たい集まりに、述べる言葉であります。

演説の一種でありますが、前に述べた種類と異なって、これは喜びを共にする人々が参集して、心から祝うということが趣意ですから、議論すべきでなく、自己の所信を主張すべきでなく、また聴衆を説得する必要もありません。

多くの場合、長時間に亘《わた》って喋ることはありません。否《いな》、長時間は相客である聴衆の迷惑であります。第一、演説を聞くために集まった人々ではないからです。ただ、その演説によって喜びをいや増し、目出たさをより濃くすれば目的は達せられるわけであります。

しかし、一口に祝辞と申しても、祝うべき事柄が、それぞれ違うのであるから、用いるコトバも、ハナシ方も、また自《おの》ずから違ってくるのであります。極めて厳粛に述べるのがふさわしいときもあり、軽いユーモアを交えて語るのがふさわしい場合もあります。

が、何よりも注意すべきは、聞く人々の和やかな感情を害《そこな》わないよう、一言一句、慎重に吟味されたコトバを使用することであります。時間が短いだけに、一言の失言でもあると、もう取り返しがつきません。たった一言でせっかくの祝賀気分を、台無しにしてしまうことがあります。

B・弔辞

お葬式のときに述べる弔辞は、これもたいてい長くない方がよろしいようです。特別の場合のみ、故人の生い立ちから、成人して死にいたるまでの経過を述べ、たとえば不慮の死を悼《いた》む、というようなとき、長く語って、満場の涙を誘うということもあり得るわけです。

会葬者の総《すべ》てが、悲しみに包まれているものとして——中にはお義理で来たばかり、少しも悲しくないという連中もありましょうが——とにかく弔辞を述べる以上、悲しみに満ちた態度に厳粛でなければなりません。原則としてユーモアなどはもっての外であります。

ただし、故人の逸事など語り、ユーモラスなうちに、故人をなつかしむの情が、聞くものの胸に湧然《ゆうぜん》として起きるようなものなら、それもそのときの空気如何《いかん》で、大いに効果的な場合もあります。

三周忌とか、七周忌とか、十五年祭とか、歳月を経過した集まりには、悲しみをのみ強調せず、適度のユーモア、適度の笑いが、混えられてよろしい。遺族の人々や、主催者の意向によっては、大いに陽気にやる場合もあります。

弔辞を書いて来て朗読する人もありますが、至極型式張った公的の葬式なら、月並の「噫《ああ》！　悲シイ哉《かな》！」風な文章も、まァ結構でありますが、恩師の葬式とか、親友の葬式に、それは禁物です。必ず、自分が心をこめて書いた、独創的な弔辞にすべしです。

◉説教

説教のあるものは、演説の部に編入さるべきであります。たとえば、日蓮の鎌倉における辻説法《つじせっぽう》など、今日の街頭演説であります。念仏無間《むげん》、禅天魔、真言亡国、律国賊と、当時流行していた、すべての他宗を攻撃論難し、

「彼々の経々と法華経《ほけきょう》との勝劣浅深、成仏《じょうぶつ》不成仏を判ぜんとき、爾前迹門《にぜんしゃくもん》の釈尊なりとも、ものの数ならず、いかにいわんや夫《そ》れ以下の等覚の菩薩《ぼさつ》をや、まして権宗《ごんしゅう》のものどもをや！」

と、舌端炎を吐いた大雄弁は、どうもいわゆる「おセッキョウ」とは、種類の異なるものであります。

宗教改革におけるルーテルの熱弁、近くわが国において海老名《えび》弾正《なだんじょう》、新島襄、山室軍平、などのキリスト教演説、また加藤咄堂《とつどう》、高島米峯《べいほう》、高島平三郎、田中智学《ちがく》などの仏教演説、などもみな一種の説教であります。

同信の集まりはいざ知らず、一般大衆を相手の説教布教は、どうしても演説になりがちであります。すなわち、教えの奉ずるところを力強く主張し、これを説得しようというのだから、演説そのものになるのであります。

で、ここでは、熱弁をもって主張する説教は除外し、静かにやさしく、諄々と法を説き、道を教える説教について少しく語ることにします。

布教・伝道

お寺の和尚《おしょう》さんが、善男善女を本堂に集めて、地獄極楽を語り、因果応報を説く、これが説教という言葉に一番ピタリと来るようです。

お説教が巧ければ、檀徒《だんと》も増し、お布施《ふせ》も多くなるというわけで、昔は、和尚さんは話上手と定ったもののようでしたが、地獄の一丁目から石炭を掘り、極楽の入口を飛行機が訪問するようになってから、だんだん不信心者が大多数となり、お寺はお葬式のときか、演芸会のときか、選挙演説のときかしか用のないことになりました。

これは、世の中が悪くなったことも原因ですが、一つには和尚さんたちの不勉強にあると思います。世の中は、明治、大正、昭和、と移って行ったのに、和尚さんたちはたいてい、明治初年ごろの頭で、もしくは営業方針で、足ぶみをして済ましているからであります。

よしんば原子力時代が来ても、地球上大多数の人類には、宗教が必要であり、宗教心は失われるものでありません。

仏教の真髄には、深奥《しんおう》計るべからざる、東洋の哲学が含まれています。この真髄は、科学がいかに発達しても、容易に崩れ去るほどチャチなものではありません。

現代の和尚諸君が、もっと哲学と科学を勉強され、もっとハナシを研究せられたならば、本堂の説教デーは昔日《せきじつ》の繁昌《はんじょう》を取り戻すでありましょう。お葬式は、大いに儲《もう》かるでしょう。しかし、そんなことは宗教家の仕事としては、末の末であります。よろしく、一大勇猛心を起して、金剛不壊の信念を養い、善男善女、愚男愚女を啓蒙《けいもう》して、新日本の建設に、一役かって頂きたいものです。

キリスト教の牧師さんたちは、平均して、お寺の和尚さんより、壇に立っての話は上手のようです。

そして、これら宗教へのお願いは、日本の一般大衆をして、好い意味の世界人たらしめて頂きたいことです。すなわち、自分は、自分である前に一日本人であり、日本人である前に、人類の一員である、という自覚をもたせることであります。どうか、機会ある毎《ごと》に法話をして下さい。機会ある毎にお説教を頼みます。

法談・道話

やはり一種の説教ではありますが、それよりさらにわかり易く、面白い宗教的なオハナシなのであります。

説教は、職業的宗教家の専売みたいなものですが、この方は宗教家が話してもよろしく、信者信徒の有志が話してもよろしい。農山漁村を巡回する僧侶《そうりょ》などには、これの上手な人が多いようです。固くるしいお説教より、面白く聞かれる法談や、道話の方が歓迎されるのであります。

「今日は弱ったぞや。雲海寺では木念さんの御法談があるし、公会堂には早川虎造《とらぞう》のデロレンがあるんだ。どっちにしべえか。」

などと、田舎の人を迷わせるくらい、人気のある坊さんも昔はあったものです。

徳川吉宗の時代、京都に起った心学運動というものがありますが、これはこの道話に至極力を注いだものです。この教えは「知心見性《ちしんけんしょう》」をもって本となし、主として町人階級相手の宗教的運動でありました。その思想は、朱子学から出たともいわれ、陽明学から出たとも言われておりますが、スローガンに掲げた「知心見性」は、禅学から出ているのだそうです。

その諸国遊説《ゆうぜい》に際しては、神道も、儒教も、仏教も、好いところは構わずとりあげて、心学カクテルを作り、一時は大した勢いで流行しました。

彼らは、ハナシの魅力によって、同志的信者をつくり、同志が殖《ふ》えるに従って、講演所を増設し、一方そのハナシを印刷本にして、広く読ましめた、文学の方では、明治になってから、言文一致だの、口語体だのと言って騒いでいますが、心学の道話本は、すでに昔から口語体でありました。試みに『鳩翁《きゅうおう》道話』など展《ひろ》げて読みますと、下手な大衆文芸などより、はるかに面白く、実に奇談珍談の宝庫ともいうべきであります。

これを人によっては、日本の社会教育事業の先駆とみておりますが、私たちが注意すべき事実は、この宗教的社会教育運動が、ハナシをもって伝道の最大武器としたことであります、したがって、心学の説教師すなわち、道話家は、いずれも優れた話術の持ち主となったであろうことです。

その他、心学というものが、一宗一派にとらわれず、神・儒・仏なんでも好いところは取り入れたこと、もし当時キリスト教が許されていたら、そこからも遠慮なく好いところを取り入れたであろうと思われること、すなわち今日でいう純正自由主義の立場であったこと、庶民を相手にして成功を収めたことなど、いろいろ私たちが学ぶべき点があります。

◉演芸

これは、娯楽を目的とする、職業話術であります、したがって面白く聞かせる、ということが第一条件で、タメになるとかならないとか、主意を通すとか通さないとか、その他のことは、すべて第二、第三の条件です。

ただ、このうち童話だけは、少しく趣きが違っております。

職業話術であるから、この業者は、これで生活費を稼ぐのであります。多くの場合、入場料を取った客に聞かせる、客から直接取らない場合は、主催者から謝礼を取る。浮世の義理で、無料出演のこともあるが、そのときもらわないまでも、その前後において、何らかの形で、謝礼は受けるのが常です。

さて、そうなると、その謝礼に相当する、ハナシをこちらも提供しなければ、取引きになりません。品物みたいに申しますと、三千円もらう場合は、三千円だけ面白い話を、五千円もらう場合は、五千円だけ面白い話を、提供しなければなりません。

しかし、とかく品物ですら、値段と実質が比例したものは、なかなか少ないのでありますから、ハナシの場合はなおさらのことで、三千円の謝礼に対し、五千円ぐらい面白いときもあり、五千円の謝礼に対して三千円ぐらいしか面白くない場合もできてくるわけです。それに、そのときの聴客の質によって、話す方は一万円のつもりでも、聞く方は二千五百円くらいにしか受取らない場合もできてきます。

また、話す方にしましても、そのときの気分で、ほんの電車代で大熱演大馬力の長時間サービスもありますし、莫大《ばくだい》もなく出されても、好い加減にお茶を濁して、短時間で引下ることもあります。やはり、芸術ともなれば、金銭で計ることは無理なのでしょう。

が、何にせよ稼業《しょうばい》です、本職です、専門家です、話術が上手でなければ、ならないはずであります。少なくとも、素人《しろうと》より段違いに、巧くないと困るわけであります。政治家に演説は必要だが、演説のできない政治家もあってよろしい。宗教家に説教は、附きものだが、真に徳の積んだ、悟りの開けた人なら、唖《おし》でも構わない。政治家も宗教家も、お喋《しゃべ》りは第二段の問題です。

ところが、この章で語る各部門の人々は、お喋りが第一段の問題です。だから、喋れない落語家も講釈師もありません。みんな一通りはこの道の玄人としてやっております。

けれども、さて名人はめったに現われません。上手もなかなか出てきません。さすがに素人より巧い人が多いのですが、中には、ただ図々《ずうずう》しく金をとるだけで、素人といくらも異らないのもあるようです。

童話

前にもちょっと申しておきましたが、童話は落語や講談と違って、実はだれでも心得があってしかるべきものなのです。

家庭においては、お祖父《じい》さんも、お祖母さんも、お父さんも、お母さんも、兄さんも、姉さんも、童話の語り手であるべきです。

学校においては、校長さんも、先生も、幼稚園においては園長さんも、保姆《ほぼ》さんも、童話の心得がありたいものです。

童話というものは、けっして専門の童話家のみに委しておくべきものでありません。一口に童話と申しても、各種各様であって、それを語る者も、聞く者も、自然と異なるのであります。四歳か五歳の子供に「小公子」や「シンデレラ」の話をしても始まりません、九歳・十歳の少年に「カチカチ山」や「浦島太郎」でもありますまい。

これを粗雑ながら、図にして見ると、こんなふうになります。(次頁《ページ》参照)

これはしかしだいたいの見当を表わすだけで、第1期に日本お伽噺《ときばなし》中の幾種、イソップ物語の幾種かが語られてしかるべく、第2期にガリバー旅行記のある部分、西遊記のある場面などもよろしく、第3期に世界のお伽噺のグリム物語や、アンデルセン物語も結構です。西遊記やアラビアン・ナイトは、大人でも面白い物語ですが、それだけに子供に聞かせても差支えない部分を選ばねばなりません。

童話
- 第1期（四、五歳）
  - 寝ものがたり
  - お目ざものがたり
  - （話手）
    - おじいさん
    - おばあさん
    - お父さん
    - お母さん
- 第2期（六、七歳）
  - 日本お伽話
  - 世界お伽話
  - イソップ物語
  - （話手）
    - 家族の人々
    - 幼稚園の園長
    - 保母、
    - 童話家
- 第3期（九歳以上）
  - 西遊記（孫悟空）
  - ガリバー旅行記
  - アラビアン・ナイト
  - （話手）
    - 学校の先生、
    - 童話家

お祖父さんや、お祖母さんが語る、寝物語の内容が、その子供の一生につきまとうものです。園長さんや、保姆さんのお話が、その子供の将来に、驚くべき支配力を持つのであります。先生や、童話家の聞かせた物語は、その少年が死ぬまで影響力を持ち続け、大きくいえば幸不幸を左右するのであります。極論すれば、もしも日本に「桃太郎」という童話がなかったとしたら、太平洋戦争は起っていなかったかもしれ

ません。私はなにも「桃太郎」物語そのものが、万更価値のない童話だというのではありません。また「桃太郎」君が太平洋戦争の犯罪人だと申してるわけでもありません。

ただ、童話というものの有する、おそるべき潜勢力を、皆さんに認識して頂きたいのであります。同時に、世の童話専門家の諸先生に深くその使命を覚って頂き、もっと勉強して、もっと話術が巧くなって頂きたいのであります。

むろん、先生方の中には、頭の下る話術の持ち主もあります。しかし、おおむね、ラジオなどで伺いますと、あまり感服できません。

①徹頭徹尾、童話節で押す人があります。童話家の諸先生は、十人のうち九人まで、この童話節で語るのであります。妙な、関西訛《なまり》のような口調で、語尾を引っ張って、ハネ上げたり、波うたせたりします。もっと当り前に話してはいかがでしょう。

なるほど、この童話節は、大多数の子供たちが、親しみをもっていて、この節を用いると、すぐおとなしくなって聞く傾向があります。けれどもです、大多数の大人が喜ぶからといって、いつまでも浪花節《なにわぶし》や演歌師張りで押し通すには当りますまい。それと同じことでして、何とか新工夫をお願いしたいものです。味噌《みそ》のミソ臭きはいけません、童話のドーワ臭きも困ったものです。

②至極、芸人じみた話し方をする人があります。たとえば「太閤記《たいこうき》」を話すのに、まるで講釈師そっくりだったり「カチカチ山」を話すのに、さながら落語そっくりだったりします。はなはだしいのは、心ある落語家なら避けるところの、八人芸《はちにんげい》みたいな声色《こわいろ》入りでやる先生があります。老人の声は、型にはまったシャガレ声を出し、女の声は黄色いキイキイ声を出し、子供の声はウラ声でピイピイとやらかす、実に戦慄《せんりつ》すべき芸当であります。

自分だけならまだよろしいが、それを子供たちに指導して、無邪気な子供の話術を、台無しにしてしまうなど言語道断です。子供には、子供らしい話し方があるので、子供が大人の真似《まね》をして語るとき、聞くに堪えないものとなります。

「あの子は大したものだ。久留島先生そっくりで話す。」

などと、バカな父兄や、心なき訓導が賞めるのは、この世の悲劇であります。もちろん、久留島先生の童話は天下一品でありましょう。しかし、子供がその声色を使ってはいけません。物真似は、全然、別種の芸当です。

しかし講談話術から、また落語話術から、その長をとって、童話の栄養とするのは、大いに結構であります。不消化のまま取りこむことに私は反対するのです。

童話家は訓導とともに子供たちの先生であります。それを忘れないことが肝要です。

ただ、学校の先生よりも、ぐっと面白い先生でなければなりません。

③世界が平和を望んでいる現在、時代錯誤の話をしている人があります。子供たちがせっかく素直に切り換えた頭に、またもや封建思想から生れた話や、帝国主義から発生した話を、不用意に叩きこんで、子供たちを迷わせるのは、罪悪であります。もちろん、切り換える必要のなかった幼児にそんな話を聞かせるのは、なおさら、罪が深いというものです。

私たちが先祖代々馴染《なじ》んで来た、日本のお伽噺なるものも、この際、再考察の必要がありそうです。

例1　桃太郎――これはかつては、日本の代表的童話で、この中に日本精神があり、民族的意識があり、はなはだ進取的で、英雄的で、もっとも児童に好ましき物語、とされていたものですが、さて、今日になって見ると、どうも少々困ります。何んだってイキナリ鬼ケ島征伐に行くのか、どうして金銀、珊瑚《さんご》、綾《あや》、錦《にしき》を分捕ってくるのか、もしも、これからの子供に語るとすれば、この辺をなんとかしないと、知らず知らず軍国主義鼓吹《こすい》になってしまいます。私は、少年の頃「桃太郎」の映画化されたのを見物して、鬼が気の毒でならなかった記憶があります。うっかりすると、この話は強盗養成に役立ちそうです。

例2　舌切雀《したきりすずめ》――重い葛籠《つづら》と、軽い葛籠の譬喩《ひゆ》は、まず結構ですが、糊《のり》を舐《な》めたからといって、ハサミで雀の舌をチョン切るのは、絶対に児童向きでありません。ただえ子供は、蟬《せみ》の羽根をむしったり、トンボの尻尾《しっぽ》を切ってマッチ棒を入れたり、したがるものであります。児童にはまだ原始人類時代の野蛮性が多分に残っているものです。それに、舌をチョン切る話などは、危険千万であります。子供がハサミをイタズラしているとき、きっとしばしば舌を切る連想をするに違いありません。

例3　カチカチ山――この話は、終始不愉快であります。まず狸《たぬき》が慈悲深い婆《ばあ》さんをあざむいて、杵《きね》で突き殺す、もうこれだけでも、今後平和日本の次代担当者たる、児童に聞かせる話でありません。次に、その婆さんの肉をタヌキ汁と称して、爺《じい》さんに喰わせる、爺さんウマイウマイと喜んで喰う、いやはや、呆《あき》れた童話があったものです。日本民族の祖先は喰人種であったと告白してるみたいであります。次に、忠義な兎《うさぎ》が、狸をだまして背中に大火傷《おおやけど》をさせる、その火傷の妙薬だと二重にだまして、ヒリヒリ痛いカラシを塗ってやる、さらに三重にだまして、泥の舟に乗せて、殺してしまう。実に狸は、ひどい目に逢《あ》ったものです。少しく正義感のある子供なら、兎のやり方がアンマリだと思うに違いありません。なるほど、狸も重々よろしくない、しかし、あのまま縛られていれば、自分がタヌキ汁にされるところです。だから婆さんをだまして、縄を解いてもらったところまでは無理でない。そのあとがいけません。こんな童話が存在することが、すでに日本人の恥です。いかに日本人が執念深く、復讐心《ふくしゅうしん》に富んでいるか、主人のためには、いかに卑劣な手段をとっても構わないか、などという野蛮性、封建性が、毒ガスの如く充満している物語です。こんな話を、頑是《がんぜ》ない児童のころ聞かされているから、それが潜在意識で采配《さいはい》を振って、大虐《だいぎゃく》殺《さつ》をする軍隊になったりするのです。

講談

慶長年間、ざっと今から三百五十年ほど前のこと、黒田の浪士、後藤又兵衛基次が、大阪天満天神の境内において、自分が戦場に用いた甲冑《かっちゅう》兵器を飾り、千軍万馬往来の体験談を語り、聴客から若干の鳥目《ちょうもく》を得た、という伝説があるが、このあたりが講談の、始まりでありましょう。同じく慶長のころ「赤松法印と云《い》えるもの東照宮（家康）の御前に於《おい》て、源平盛衰記、太平記の講釈を度々言上せり、続いて諸侯へも召されて軍書を講じたれば、世人太平記読と云えり」と続々武家閑談に記してある。これがいわゆる「太平記読」の起りで、また「講釈師」という名称も、この辺から出ているのでありましょう。

これを職業とするものが出たのは、おそらく元禄《げんろく》時代で「江戸にて見附《みつけ》の清左衛門というもの始めなり、年来浅草御門傍に出て、太平記を講ず、この者は理尽抄という太平記の評判の書を以《もっ》て講釈せり」と近代世事談に見えている。ところが、それに集まる聴衆がだんだん殖《ふ》えて、交通の妨害ともなり、かつ大道の野天で「治国平天下」を講ずるは穏やかに非《あら》ず、と町奉行能勢《のせ》出雲守《いずものかみ》から命ぜられて、浅草門内の火除《ひよけ》広場に小屋を設けて「太平記講釈場」と名づけた。これが、江戸における寄席《よせ》の始まりだということです。

関西においては（編集部注 異説あり）、同じ元禄年間、赤松青竜軒なる男が、堺町に葭簀《よしず》張りを構え、原昌元と名乗って軍談を講じ、後世、江戸の名和清左衛門と並び称されています。

前者は名和長年の末裔《まつえい》と称し、後者は赤松円心の子孫であると称した。果して本当かどうかわかりませんが、名古屋の熊沢天皇よりも確かでありましょうかな。

宝暦七年、今から約二百年前に、江戸釆女《うねめ》ヵ原《はら》で「大日本治乱記」なる看板を掲げて、当時の官憲から叱《しか》られた馬場文耕《ぶんこう》は、後に講釈場の看板に行燈《あんどん》を使用することを始めた。私ども明治生れの人間に、いとも懐《なつ》かしき行燈看板は、この馬場先生が始めたのであります。彼は自ら演舌者と称し、非常の人気者となったが、後に舌禍と筆禍をこうむり、死罪となりました。そのときの名書を見ると、「右の者儀兼《かね》て古戦場講談致し渡世送候処《そうろうところ》」とある。講談という名は、このときすでに用いられていたのであります。

この馬場文耕の著述「近世江都著聞集《えどちょもんしゅう》」「当世武野俗談《ぶやぞくだん》」や、松崎尭臣《ぎょうしん》著「窓のすさみ」などが、後世講釈師の種本となり、それに勝手な材料や、空想憶説を加え、ただ面白ければ好《よ》いと、デッチ上げたのが、

――講釈師見て来たような嘘《うそ》をつき
と、川柳に冷かされる講談式実録と相成った次第であります。

太平記や軍談の影は薄くなって、お家騒動、敵討、政談、武勇伝、俠客伝《きょうかくでん》、世話物など七花八裂《しちかはちれつ》の盛況を呈するに至りました。その代り、嘘八百がたくさん盛りこまれて、仇討の六人斬りが大インフレの三十六人斬りとなり、下戸《げこ》の赤垣源蔵が大した呑《の》ン兵衛《べえ》となり、美男で武蔵より年下の佐々木巌流《がんりゅう》が、髭《ひげ》ッ面《つら》の憎々しい年上の中年男となり、大岡裁きの中には他の名裁判が全部盛りこまれ、天下無敵の強い豪傑がやたらに現われ、五十年ぐらい時代を超越して相会し相斗《あいたたか》い、ほとんど一生涯大旅行をしたことのない水戸黄門が諸国を漫遊し、この漫遊がまた大久保彦左衛門《ひこざえもん》と全然同じようなことをやる、という次第であります。

が、話術としては長足の進歩を遂げ、天明、寛政以後には、森川馬谷、赤松瑞竜、初代桃林亭東玉、初代錦城斎典山《きんじょうさいてんざん》、田辺南鶴《なんかく》、伊東燕晋《えんしん》など大家名人が現われました。

中でも、伊東燕晋はなかなかの人物で、文化三年一月五日、家斉《いえなり》将軍の御前で「川中島軍記」口演の名誉を有し、乞食頭《こじきがしら》山本仁太夫《じんだゆう》に訴えられて寺社奉行の法廷に争い、みごと勝訴となって、以来講釈の寄席は、乞食頭や非人頭の支配を受けなくなった。なお、この燕晋先生は「三河後風土記《みかわごふどき》」を演ずるに当り、東照公天下泰平の基を開かせ給《たま》う物語を、大衆と同席で申上ぐるは恐れ多いから、一段と高い座を設けて演じたいと、奉行所に願い出《い》で、首尾よく許可となって、それが今日の寄席の高座の始まりだということです。

明治以前には、伊東燕凌《えんりょう》、松林亭伯圓《しょうりんていはくえん》、石川一夢《いちむ》の三巨人、さらに明治に入ってからは、一立斎文車《いちりゅうさいぶんしゃ》、二代目貞山——今度の戦災で死んだ貞山は六代目でした——それから桃川如燕《ももかわじょえん》、伊東燕尾、田辺南竜、松林伯円、正流斎《しょうりゅうさい》南窓、二代目伯山、放牛舎桃林、邑井貞吉《むらいていきち》、小金井蘆洲《こがねいろしゅう》、伊東花楽、柴田南玉、宝井琴凌《たからいきんりょう》、桃川燕林、旭堂南慶《きょくどうなんけい》、邑井吉瓶《きっぺい》など、実に百花繚乱《りょうらん》の黄金時代を現出しました。

中でも大物は伯圓と如燕で、伯圓は明治維新後間もなく、改良講談を提唱し明治五年ごろテーブルを用い、明治八年には当時の新大知識大雄弁家である馬場辰猪《ばばたつい》の政談演説会に前講し、明治十一年には政談演説家を前講にしてテーブル講談をやったそうです。明治十七年には自作自演「安政三組盃《みつぐみさかづき》」を速記出版せしめて、講談本の元祖となっています。

桃川如燕は明治大帝御前口演の、トップを切った名誉の保持者で、明治二十二年には新講談を演じています。

講談の隆盛と雁行《がんこう》して、落語、女義太夫《ぎだゆう》なども全盛時代を来《きた》し、こうした演芸を上げる寄席もまた全盛時代でありました。

明治十二年二月付で発行された、「講談・浄瑠璃《じょうるり》・落語定席一覧表」という番付をみると、麴町《こうじまち》区七軒、神田区二十三軒、日本橋区十八軒、京橋区十六軒、芝区二十軒、麻布《あざぶ》区三軒、赤坂区三十三軒、深川区九軒、荏原《えばら》区三軒、北豊島《としま》郡五軒、実に合計百七十一軒に達する。これを昭和三十二年現在の大東京都内の寄席の数とくらべると、嘘のようであります。東宝小劇場まで寄席に数えて場末の貸席まがいの所まで入れて、おそらく百七十一席の一割十七軒とはないでありましょう。

ただし、昔の寄席は、数は多かったが、客席は小じんまりしたもので、百人ぐらい入りがあれば満足していたのですから、もっとも広い所で定員二百を出なかったそうです。

現に、私が少年のころ、芝の南佐久間町に住んでいて、近所に桃桜亭という釈場《しゃくば》がありましたが、子供の目から見てもひどく狭いもので、横丁の目隠しの節穴から覗《のぞ》いて見ると、よく前座が空板《からいた》の修羅場を叩いていましたっけ。

この、客席の狭いということが、講談や、落語など、当時の説話芸術を、いろいろと条件づけたのであります。

①あまり大きな声の必要がない。馬鹿《ばか》デカイ声は反《かえ》って耳障《みみざわ》りとなる。そこで、水調子、低い声でピタピタと語り進めるのが、味わいよしとされる。

②いかなる囁《ささや》きも、隅々までとおるような有様だから、話術はいくらでも繊細に発達できる。

③客はすぐ目の前にいるから、表情や、眼の配りが、微妙になる。同時に、あまり大きな身振りは、ふさわしくない。

④客が鼻先に座っているから、自然、客席との交流が起り、直接話法的な、親しみのある話術を生ずる。

そこで、講談は、野天や葭簀張りの時代は、相当に蛮声を張り上げたのでありましょうが、漸次《ぜんじ》、物静かな語りぶりとなり、それに連れて、読み物も武骨な軍談から、キメの細かい世話物にまで変化して行ったわけです。

ところで、私は釈場というものに、ほとんど行ったことがないのであります。少年のころ、専《もっぱ》ら通ったのは、牛込《うしごめ》の若松亭という浪花節定席と、芝の恵智十《えちじゅう》とか玉の井という落語色物席の三軒だけで、その他、芝の琴平亭、同八方亭、牛込のわら亭、神田の市場亭などにも行ったことがありますが、言うに足りません。

そこで私の講談に対する興味は、まず、速記本が始まりで、次には、色物席で聞いた講釈で養われたということになります。そんなものが講釈について講釈するのは、はなはだ気が引けるわけですが、まさか見て来たような嘘もつけませんから、白状しておきます。

面白いことは、初めて聞いた講談が伊藤痴遊《ちゆう》だったことです。たしか明治三十九年の秋か、四十年の春でした。場所は前述の番付にも出ている芝の恵智十で、そのときの真打は三遊亭圓遊でした。軽妙な痴遊の話術には、子供ながらすっかり酔わされたものです。

そのとき痴遊は、普通の高座に上らず、高座の前の畳に、一段高い壇を設けて、その上に椅子《いす》を置き、卓子に向って話しました。その後、牛込の若松亭で一心亭辰雄が出演したとき、痴遊は助演で出ていましたが、やっぱり高座の前の壇を造らせていました。

何の必要があってそうするのか、そのときの私にはわからなかったが、後年、私自身が寄席へ出てみて、なるほどとうなずけたのであります。すなわち、寄席の高座は、座蒲団《ざぶとん》にかしこまって、丁度、客席との視線が、互いに都合よく交るように設計されています。だから、立ってはもちろん、椅子に腰をかけても、演者の顔が上にありすぎるわけです。

そこで痴遊は、席亭の主人に命じて、自分一人のために、それだけの設備をさしたのであります。これだけのことでも、痴遊が並々の講釈師でないことがわかります。

彼は元来、自由党の壮士だったのだそうで――それが明治二十年十二月の保安条令公布と共に、言論、集会などの取締りが厳しくなり、政論家は止《や》むなく、講談の名を借りて、ときの政府を諷刺《ふうし》攻撃するため、続々と講釈師に一時的転向をした――、そのとき、まだ若かりし彼、伊藤仁太郎も釈界入りをしたのであります。そのうち、取締りが寛《ゆる》やかになるや、他の人々は政界に逆戻りをしたが、彼のみはそのまま残ってしまった。

なぜ、残ったかというと、彼の話術が、あまりに進みすぎ、彼のファンがあまりにふえすぎたからであります。後に、政治の方も諦《あきら》めきれず、浅草辺から打って出て、数回代議士にもなりましたが、結局、政治家としては大成しませんでした。もしも、彼が話術の天才でなかったら、とっくに大臣ぐらいになっていたかもしれません。が、私たちにとっては、彼が大臣になるよりも、大話術家となってくれた方が、有難かったわけです。お蔭様《かげさま》で私は、素晴しいお手本を聞くことができます。私は今日でも、話術といえば痴遊と、すぐ連想するくらいです。在来の講談調から、全然離れて、まったく新鮮なハナシ方を、彼は創造したのであります。しいて分析すれば、巧妙なる座談調に、音楽的な講談調を加え、それに演説の毅然《きぜん》たる趣きを香わせたもの、とでも申しましょう。

彼は、維新当時の実録を専ら得意としていたが、いかなる英雄豪傑にも、けっして敬称を用いない。もっとも、ずっと昔の出来事なら、秀吉だろうと、時宗だろうと、呼び捨ては当り前だが、生きている元老や、大臣を呼び捨ては、なかなかできないものです。

「桂《かつら》という男は、困った人物で……」

と、ときの総理大臣を寄席でやっつけるのであります。けっして、桂公ともいわなければ、桂首相ともいわない、カツラと呼びすてです。

こういう話し方は、ただの芸人がやったのではイタにつきません。当人が、相当の識見を有し、社会的地位を有し、自信と度胸を有しているのでなければ、やってもおかしなもんです。もちろん、私などそのガラでありませんが、日本も民主主義時代、自由主義時代となった今日、しかるべき話術家が現われて、

「ここが東条という男の足りないところで、そのとき米内《よない》のドカ貧という言葉を、よく考えれば好かったのだが、何しろ取り巻きが低能ぞろいで、なかんずく佐藤愚了は……」

などと、やってみたらどうですか。

痴遊について、私が聞き馴染んだのが、一龍斎《いちりゅうさい》貞山と神田《かんだ》伯山《はくざん》との二人です。いつも、色物の番組に織り込まれた講談ですから、釈場で聞くように本格だったかどうかは疑問であります。二人とも、近代の名人ということになっていますが、その名人大看板が、専門の釈場を捨てて色物席へ出るという現実は、このときすでに講談が下火になっていた証拠かもしれません。

二人とも好男子で、二人とも名調子で、二人とも張扇《はりおうぎ》の使い方が巧みでした。今日では、この張扇なるものを、あまり活用しないようですが、一つには昔の人ほど、巧く叩けなくなったせいもありましょう。

貞山なり、伯山なりが、おもむろに最初の張扇を、ピシリと入れるとき、聴衆は全部、快く鞭打《むちう》たれたように、サッと緊張するのであります。この張扇こそ、マという

ものを具体的に示すもので、この入れ方がちょっと早くても、ちょっと遅くても、緊《しま》らないものです。

合戦ものの修羅場は別として、これはあまり乱用すると五月蠅《うるさ》くなるばかりで、何の効果もなくなります。一席の間に、ほんの数ヵ所、急所に向ってポンと入れる。たとえば、物々しく事件を述べているうち、そろそろ客が、引き続いての神経の緊張に、疲れかけてきたな、と思われるところで、極く自然の段取りで、ヒキゴトに入る。ヒキゴトというのは、つまり漫談みたいなものですが、この色どりがあるので、前後が一層引き立つのであります。さて、客はそれですっかり楽な気分となり、快く笑わされたりしたところで、実にみごとなマをもって、ポンと叩く。実はピシリとポンとの合の子なんですが、便宜上ポンですませます。

このたった一ツの音響で、聴衆はヒキゴトの現実界から、ロマンスの幻影界へ、再びポーンと送り込まれる。その呼吸たるや、二人は実に神品でありました。

またたとえば、侠客もので弟分が兄貴分に何か無理に頼みこむという場合、

「なァ兄貴、後生一生のお願いだ、聞いてくれ。頼む、是非とも頼むよ。ねえ、兄貴、何んとか言ってくんねえな。よ、兄貴ったらァ、これほど俺が頭を下げて頼んでるんだぜ。頼む、どオオオオか頼むッ。」

と、頭を下げて少し間をおいて、

「これほど頼んでも、いけねえのか。」

と、落胆した小声で呟《つぶや》いて、その呟いてるうちに、切羽詰まった気もちをガラリと変って、さて、張扇がポーンと鳴って、

「頼まねえやいッ！」

と、俄然《がぜん》、荒々しく叫ぶ。このとき、客はドキッと脅《おび》えた気分になるのであります。

この張扇の使い方一つで、弟分の心理転換が、実に鮮やかに表現されるのであります。

このように張扇は、物語の場面転換にも、登場人物の心理描写にも、はなはだ便利なものでありますが、も一つ、楽屋噺《がくやばなし》を申しますと、滔々《とうとう》数千言、水の流るるが如《ごと》く、修羅場など読んでいるとき、ふと絶句した場合、これをポン、ポンとやって胡麻化《ごまか》すという、虎《とら》の巻があるそうです。

落語

落語の起源を、論者によっては、遠く九百年前の宇治大納言《だいなごん》物語にまで、さかのぼらせる。なるほど、その物語の中には、後世落語の種となったものもありましょうが、タネからタネを探って行く段になれば、おそらく神代まで行けるでしょう。講談にし

ても、明治十五年伊東燕尾が、その筋へ提出した軍談師濫觴《らんしょう》由来なる書面によると、鳥羽《とば》天皇の保安年間、今日から八百年以前に吉岡鬼一丸という者が、京都に来り、一条堀川のほとりで和漢の戦記を講じた、これ本朝軍書講談中興の開祖なり、とあるから大した歴史であります。

が、実際的な話術者から論ずれば、延宝天和《てんな》の頃、すなわち今から二百七十年ばかり前、京都の露の五郎兵衛なる人が辻噺《つじばなし》をやったのが、元祖といって好いでしょう。同じころ大阪において米沢彦八なる者辻噺をやり、江戸は鹿野武左衛門《しかのぶざえもん》なる者、中橋広小路《ひろこうじ》で莚《むしろ》張りの小屋をかけ晴天八日間の興行をしています。この二人が大阪落語、江戸落語の開祖とみてよいでしょう。

　このころの噺、軽口咄《かるくちばなし》というのは多く小話であって、後世落語のマクラ（冒頭）に使用される種類のものであったらしい。

　それにだんだん尾鰭《おひれ》がついて、引き伸ばされる傾向となり、天明年間すなわち今から百五十年ほど前に現われた、落語中興の祖談洲楼焉馬《だんしゅうろうえんば》から、寛政・享和《きょうわ》ごろ現われた三笑亭可楽に到《いた》る時代にはだいたい今日の落語の型が整えられたのであります。すなわち大道で演じた辻話から落語にいたるまで、凡《おおよ》そ百二十年たっています。

三笑亭可楽は「三題話」の創始者で、一説には江戸席亭の開祖ともいわれ、後年の落語全盛時代を招来した大功労者であります。そのころ、山東京伝、式亭三馬、十返舎一九《じっぺんしゃいっく》などの戯作者《げさくしゃ》連が、大いに筆を振って、落語の作をしたものだそうですが、これも当時、落語繁昌を来す大きな助力でしたろう。

この可楽の幾多門人たちは、いずれも一流大家となり、おのおのその流派名や、芸名を後世に伝承せしめることになり、落語界の基盤がここに漸《ようや》くできたのであります。

明治十七年に、三遊派、柳派と二ツの流派が結成された——それまでは単に睦連《むつみれん》と称して、各派合同でやっていたのが、このときから判然と分れたのであります。

三遊派での巨頭は、有名な三遊亭圓朝です。百人百様表わすという話術の他に、創作翻案の才もあって「真景累ケ淵《かさねふち》」「安中草三《あんなかそうざ》」「塩原多助」「牡丹燈籠《ぼたんどうろう》」など彼の自作自演ものであります。

同じころ、柳派での巨頭は、談洲楼《だんしゅうろう》燕枝です。人情噺を得意とし「島千鳥沖津白浪《しらなみ》」など、もっとも好評を博したそうです。この燕枝門人禽語楼《きんごろう》小さんは、能弁にまかせて喋りまくる芸風で、その頃すでに英語の洒落《しゃれ》などを用い、人気の点では三遊派の圓遊と相競ったものだそうです。圓遊は圓朝の弟子ですが、師匠ゆずりの話だけでなく、当時の世相から、ニュース的なものや、流行的なものを、落語の中にどんどん取り入れていました。

ところで、人情話というものですが、これは落語家が演ずるには違いないが、お笑いを目的としたオトシバナシとは、種類の異なるもので、いわば世話講談が、釈台を外して、もっと技巧を細かくしたものであります。

中編物にはオチ（サゲとも言う）のついたのもありますが、長編物になると十日も十五日も読みつづきになって、サテコレカラ如何《イカガ》相成リマショウヤ、明晩ノオ楽シミと切ってしまいますから、オチはないのであります。オチがあるから、オトシバナシすなわち落語なので、その意味から言うと、全然落語ではありません。

しかし、昔の大家名人は、ほとんどみな人情話が巧みでありました。むろん、人情話をやる前に、十分お笑い専一の落語も修業しているのであります。

私にとって落語は、実に結構な話術のお手本でした。私は、このお手本によって、無意識に勉強していたのであります。

無意識と言うとおかしいかもしれませんが、私自身は落語によって、別に修業してる気は毛頭なかったので、ただ、好きで真似をしていたに過ぎないからです。後年、話術を自分の職業にしようなどとは夢にも想《おも》わなかったのであります。

小学生のころ、雨が降って体操の時間が、お休みになると、私は教室で話をしたものであります。その話というのが、多くは落語でした。今日から考えると、随分乱暴な無茶なことですが、お女郎買いのお噂《うわさ》など、申し上げたこともあります。

例の、フラれた客が忌々《いまいま》しがって、赤銅《あかがね》の洗面器を失敬し、背中に忍ばせて帰りかけると、オイランが送って何か嬉《うれ》しがらせを言って、背中をポンと叩《たた》くと、ボワーンと鳴る――おや、今のは何だい、と言われて、なァに分れの鐘だよ、と下げる――あれを教室でやったのでした。

「うん、分れのカネか、ハッハッハ。」

と聞いてる先生が一番ウケて、喝采《かっさい》をしてくれました。

もっとも、年中こんな話をしていたわけではありません。子供ながら――いや子供というものは性的な問題には案外敏感なものです――この話はイケナイなとか、この話のココはイケナイがアトは差支えないとか、自分で適当に取捨したり、改作したりして、教壇にのせたのでありました。

それは、高等一年生ごろから始まったこと――高等一年は今日の小学校五年、その時代は小学校が四年、高等科が四年という制度でした――で、高等二年、三年がその絶頂でありました。とにかく、雨の降る度に、何かしら新しい話を、二ツなり三ツなり演ずるのでありますから、タネの仕入れが大変であります。

そのタネの大部分は、文芸倶楽部《くらぶ》や、小さん落語集とか馬楽落語集とかの活字から仕入れるので、落語の寄席へ通ったわけではありませんでした。耳から落語を聞いたのは、そのころまでは、ほんの数える程度のものでありました。私が盛んに色物席通いをしたのは、中学三年ごろからであります。

何しろ、私みたいな男でも、子供の時分は記憶がよかったのでしょう、一回聞いた落語はほとんど全部そのまま真似ができたくらいです。そんなふうだから、幾つかの落語を、真似してる間に、自然と、落語話術のコツのようなものを会得《えとく》したらしいのであります。

だから、速記本をみれば、ご隠居はどう、大家さんはどう、熊《くま》さん・八つァんはどう、裏店《うらだな》の嬶《かか》ァはどう、と喋り方から表情まで想像がついたのであります。

しかし、教室でやるのですから、寄席の落語そのままには演《や》りません。多少、教室用に変更して、話の始まりなどは、普通のお伽噺みたいにやりました。子供ながら、あんまり下品だと思われる言葉は、他の上品な言葉にかえてやったりしました。

さて、中学は厳格をもって有名な府立一中（都立日比谷高校）でしたが、二年生のときから、再びお話の係りにされてしまいました。雨が降っても、体操はお休みにならない代り、今度は課目によって担当の教諭が違うから、その先生が休むと、その時間は休講となり、私の出演ということになるのであります。

この小学時代と、中学時代との間に、私は教室でおよそ何《ど》れほどの数を話したでありましょう? とにかく、普通寄席でやる落語は、オイロケがかったものを除外して、まず大ていは教壇にかけた、といっても過言でありますまい。

話す以上は、巧《うま》く話して喜ばれたかったので、知らず知らず話術の勉強をしたわけであります。が、前申した通り、話術で世に立とうなどとは想いませんでした。そのころの私は政治家志願の一本槍《いっぽんやり》で、行く行くはせめて知事ぐらい、うまく行ったら次官ぐらい、さらにあわよくば総理大臣に、と思ってたんですから、われながらいい気なもんでした。

このときの話術修業が、後年、映画説明者になっても、また漫談をやるようになってからも、大そう役に立ったわけですが、同時に、相当邪魔になる点もありました。というのは、喋ってるうちに、ともすれば月並落語の口調が、そっくりそのまま飛び出すので、これには困ることがありました。

この少年時代から、中学卒業後約一年半までの間に、私が聞いた落語家で、話術の優れた人々を列挙してみましょう。

橘家圓喬《たちばなやえんきょう》――非常な名人でした。三遊亭圓朝の高弟ですが、ハナシは師匠より巧かったという説があります。私自身は圓朝の話は聞けませんでした。はなはだ残念ですが、私が小学一年生のときに死んでる人だから仕方がありません。だから、圓朝との比較はわかりませんが、とにかくこの圓喬の話術は、凄《すご》いものでした。私が、今日まで六十二年の生涯に、これほど優れた話術を聞いたのは、あるいはこの人、一人だったかもしれません。私が主として聞いたのは、いわゆる人情話でしたが、普通の落語も名人だったらしく、私の耳にも彼の鮮かな「たらちね」が残っています。

痩《や》せ型の、人相はあまりよくない方で、声も大きくはなく、至って低声《こごえ》でしたが、その渋い味がなんともいえませんでした。

中学四年のとき、肋膜炎《ろくまくえん》を患《わずら》って、静養していたとき、芝口の「玉の井」に彼が一枚看板でかかり、怪談「牡丹燈籠」を連夜読みつづきで演っていたが、私は無理をして六日ほど通いつめました。今でも、目さきにチラつくのは、新三郎の寝室に、夜な夜な通ってくる亡霊を、雨戸の節穴から老易者がのぞいて見るくだりです。そのとき、客席は水を打ったように静まりかえっていたのですが、老易者がやや暫《しばら》くのぞいてる間の表情の凄さ、それから亡霊だとわかってトンと杖《つえ》をつく仕草で、圓喬は逆に摑《つか》んでいた扇子を、トンと高座に打つけるのですが、その音に客席はビクリとおびえさせられるのでした。このののぞいてる間と、トンと来るまでのマが何ともいえない神品です。

昭和二十四年の夏、宇都宮民衆劇場の楽屋で、六代目菊五郎丈と会ったとき、談たまたま「牡丹燈籠」に及び、私が圓喬のことを話すと、六代目は会心の笑《えみ》をもらして、「まったく、あいつは名人だったね。塩原多助の馬の別れだって、圓喬と圓右じゃあ、こういうふうに違うんだ。」

と、馬の手綱をとっての仕方噺《しかたばなし》で、圓喬と圓右の差を見せてくれました。このときの六代目の話術にも、私は舌を捲《ま》きましたが、とにかく圓喬の巧さは、芸の権化《ごんげ》みたいな、六代目も無条件で感嘆しているのであります。

「鰍沢《かじかざわ》」という一席読みきりの落語は、オチこそついてるが、内容は人情話です——圓喬の十八番ものの一ツで、私も聞いたことがありますが、旅人が毒酒を飲まされて、賊に追われヨロケながら逃げて、鰍沢の急流に転げこむところなど、文字通り息もつけない大話術でした。旅人が雪にまみれて逃げ惑う姿が、はっきり見え、急流の轟々《ごうごう》たる音まで聞えるのでありました。

この話の始めの方で、雪に難渋した旅人が、山賊の住家とも知らず小屋にたどりつき、主婦《おかみ》のもてなしで、炉辺《ろばた》に身体《からだ》を温める件《くだ》りがありますが、

「そのときにね、高座からモヤモヤと湯気の立ちのぼるのが、眼に見えたね。ほかの奴《やっ》らがやったって、一度も湯気の立ちのぼるのを見たことはないがね。」

とある寄席通の男が私に嘆息して語ったことがあります。

この主婦は、もと吉原の花魁《おいらん》で、男と心中を仕損ねて、咽喉《のど》の所に突いた創痕《きずあと》が三カ月型に残ってる、それで「月の輪のお熊」という山賊の姐御《あねご》になってるわけですが、圓喬はこの女の無気味な艶姿《あですがた》を、私たちに歴々と見せました。話術も、ここまでくると、役者が総がかりの、大道具大仕掛けの芝居だって、とてもかなうものではありません。

では、圓喬は派手な仕草をしたか、どぎつい表情をしたか、写実的にいろいろの声を使ったか、というと全然その反対です。仕草は地味です、表情も内輪です。声にいたっては当人の錆《さ》びた地声だけです。ただ、その地声に、微妙な工夫があって、あばずれ女も、貞淑な武家の妻も、金棒引きの嬶ァも、初々《ういうい》しい大家《おおや》の箱入娘も、自由自在に表現できるのであります。

あんまり圓喬のことばかり語りすぎたようです、次へ移ることにいたしましょう。

三遊亭圓右——もしも圓喬が存在しなかったら、この人が圓朝門下の第一人者でしたろう。これも、落語と人情話の両方が行けました。声色を使い、背景を使っての、芝居噺なども巧いものでした。「妾馬《めかうま》」「唐茄子《とうなす》屋」「火事息子」など皆結構なものでした。ただこの人の話は、ウマさがときどき浮いてしまうのが欠点です。聞いている最中に、ああここはウマい、今のイキは上手だ、といちいち客に感心させるようでは、まだ真にウマいとはいえません。全体を夢中になって聞かせるようでなくては、本当でないと私は思います。

三遊亭圓左《えんさ》――「富久《とみきゅう》」など演らせたら、天下一品、いかにも古風なハナシ家らしい落語家で、私は大好きでした。旧家の奥の間の、磨きこんだ床柱のような、よく使いこんだ萬古《ばんこ》焼《やき》の急須《きゅうす》みたいな、渋い落ちついた、底光りのする芸でした。それでいて、書生の凸山君が出てくる、当時の新作もやったのです。

この人は高座へ出て、始めのうち暫くの間は、何を言ってるのだか、少しもわからないような喋り方をするのです。高座の、すぐとっつきにいても、唇からかすかに、笛の如く空気が洩《も》れるだけで、言葉としては聞きとれません。この空気の洩れでる間に、満場がシーンと静まり返るのであります。これも話術としての、心得の一つでしよう。

三遊亭遊三《ゆうざ》――実に洒脱で上品な芸風でした。奇妙キテレツなお辞儀をするのですが、少しもイヤ味になりません。「御前汁粉」「お見立て」「蕎麦《そば》の羽織」「疝気《せんき》の虫」「干物箱《ひものばこ》」など、何度一ッ話を聞いても楽しめました。湯呑みと扇子でやるのですが、お汁粉や、蕎麦を喰うところが、おかしいほど真に迫っていました。「お見立て」の

杢兵衛大尽が、女郎にフラれているとは気がつかず、彼女が死んだという嘘を真にうけて、

「アマあ、オラに惚《ほ》れてただ。」

と、しんみり述懐するあたり、客は笑わせられながら、ホロリとなったものです。

橘家圓蔵――能弁というか、快弁というか、油紙に火がついたようだ、というのがこの人でしょう。この人の「百川《ももかわ》」と「首提灯《くびぢょうちん》」では、私はあんまり笑って、横ッ腹が痛くなったことがあります。

三遊亭金馬――地方巡業の名人、そのせいか東京では人気が立ちませんでした。しかし、話は本筋で「死神」「笑い茸《だけ》」など、巧緻《こうち》を極めました。話術家としては第一級の人であります。

柳家小さん――総じて私は当然の三遊派贔負《びいき》でして、柳派は総体的に嫌いでしたが、この人だけは別格でありました。

「粗忽《そこつ》長屋」「らくだ」「うどん屋」「白眼《にら》み返し」「碁どろ」「笠碁《かさご》」など、この人の右へ出るものは一人もありますまい。

以上、私が並べたのは、皆とっくの昔にこの世を去った人々で、私にとっては一人一人、話術のお師匠様でありました。

では、現存の落語家に、どういう人たちがいるか、これは私としてちょっと語りにくいのであります。ご承知の通り、私も近来は落語家と看板を並べて、方々に出演する身の上なので、いわば一種の同業なので、詰まらんことをいったばかりに、お互いに気まずい思いをしなければなりません。

ただ、申しておきたいのは、今日の落語家にも、大変巧い人は相当にいますから、話術を研究なさろうという青年諸君は、大いに寄席通いをなさい、ということです。

もちろん、落語がそのまま役に立つというのではありません。ハナシのコツを実地に学ぶには、もってこいの教室の一ツだというのであります。

漫談

講談や落語が、幾世紀幾百年の伝統を有するに比して、漫談はまだ四半世紀二十五年の歴史を有するのみであります。

大正十二年のころ、いつも暗やみで喋《しゃべ》っている私たち説明者は、明るいところで喋りたいという欲望をもっていたのでしたが、丁度神田キリスト教青年会館で、音楽など混えたヴァラエティ風の会が催されたのを幸い、私は出演して、漱石《そうせき》の『吾輩《わがはい》は猫である』の中から「首縊《くびくく》りの力学」の条《くだり》をとりあげて、一席口演しました。

その以前から私は、新時代の落語であり、講談であるような、何か今までにない型式の話がありそうなものだ、と考えていました。で、とりあえず「猫」を自分の話術のカンブクロにドシこんで、やってみたわけです。後年になってわかったことですが、あの漱石の猫物語は、徹頭徹尾漫談みたいなものでした。

編中の迷亭を漫談王として、寒月君も素晴しい漫談の天才であり、苦沙弥《くしゃみ》先生もなかなか皮肉な漫談家であります。その全体を語るネコ先生にいたっては、漫談界のシエークスピアであり、ゲーテであります。もしも今日、迷亭先生のような、学識と人格と弁舌を有する漫談家が現われたら、私は喜んでその靴の紐《ひも》を結ぶでありましょう。

この「猫」の前に、同じ会でシュニッツレルの「盲目のジェロニモとその兄」を口演したことがありますが、これは漫談には関係が薄いので、ここでは話を略します。で、私はこのとき偶然にも、後年の漫談をやったわけですが、まだ漫談という商標は、この時分できていませんでした。

この前後に、大辻司郎《おおつじしろう》君（惜しくも飛行機事故でなくなった）が落語家を志ざし、三代目小さん師のところへ、一時稽古《けいこ》に通っていました。

その大辻君主催で、日本橋倶楽部に「頼まれた会」というものがあったとき、私は頼まれて出演、杉山其日庵《そのひあん》作「法螺《ほら》の説」の一節を口演しました。これは落語の「源平盛衰記」のような味のもので、たしか「三国志」の一部だったと思いますが、中国の謀将たちがホラ吹き戦すなわち宣伝戦をやるところを、面白く述べた物語でした。これも、立派な漫談の型を整えたものでした。だいたい、落語の「源平盛衰記」からして、漫談調のものです。

この会のとき、大辻君は三代目直伝《じきでん》の落語「粗忽長屋」を一席伺いました。

さて、その後にいたり、ある日のこと大辻君が神田東洋キネマの楽屋に現われて、

「いよいよ、僕はハナシでやって行こうと思うんですが、何か名前をつけないと、どうも落語と一緒にされるとまずいです、どうでしょう。マンダンというのは？　漫画があるんですから、漫談があっても好いわけですが……」

と私に相談しました。

「漫談か、そいつは面白い。」

と、私も賛成しました。

ですから、漫談という実物は、その前からあった――たとえば落語のマクラ話とか、講談のヒキゴトは、みな漫談であります。故蝶花楼馬楽《ちょうかろうばらく》や、故三升家小勝《みますやこかつ》が、高座で喋った社会諷刺は、みな立派な漫談でした。私が口演した「吾輩は猫である」も「法螺の説」も、また漫談であったといえます――のだが、しかし、漫画から漫談を思い

つき、この商標を貼《は》りつけたのは大辻司郎君でした。

それから大辻君は、例のヤリカタで、漫談を大車輪で売り広めました。世間が、漫談という名に、関心を持ち始めたのは、まさしく彼の手腕であります。

このように漫談の起りは新しきものであるが、考えようによっては、天の岩戸の前に八百万《やおよろず》の神が集合せられ、天《あめ》のウズメノ命《みこと》のオカしき舞を見たときから始まる、といってもよろしいでしょう。

では、漫談とは何ぞや、漫談の本体は如何《いか》に？——ということになります。私はよく次の質問を受けます。

「落語と漫談はどう違うか？」

これを説明すれば、自然と漫談なるものの性質がおわかりになると思います。

A・落語には最後のオチが必要でありますが、漫談にはほとんど必要でありません。

もっとも近ごろの寄席では、時間の都合その他で、落語家は正式のオチまで語れずに、途中、客がドッと笑ったあたりで、引下ります。このドッと笑うのも一種のオチといえばいえるので、その意味のオチならば漫談の方でもときに使用します。

ですから、落語には必ずオチがあるべきだが、漫談にはオチがなくてもよく、あっても差支えなしと、というのが実際でしょう。

落語とハッキリ区別させるために、オチなんてものは、正式にも不正式にも、全然用いなければ好いではないか、という説がありそうですが、客がドッと笑った隙《すき》に、引下るのが一番ラクでもあり、喝采も得られるのでありまして、さもないと何か余計な幕切れの言葉をいわないと、引っこめなくなります。

悪く言えば、一種の逃げ出し戦術みたいなもので、忍術に火遁《かとん》の術、水遁の術があるように、これは笑遁の術であります。

場所によっては、たとえば学校の講堂で学生に聞かれるときとか、婦人会の集まりで家庭の女性ばかりを相手のときとか、そんなときは笑遁の術を用いず、ドッと笑った後で、一応真面目《まじめ》な顔となり、気の利《き》いた終りの挨拶《あいさつ》を述べて降壇した方がよろしいようです。

B・落語には一貫した筋があるが、漫談にはありません。

これも原則としてであって、例外としてはほとんど筋のない落語もあり、立派に筋のある漫談もあります。もっとも、そういう場合は、和服の落語家が一種の漫談をやり、洋服の漫談家が一種の落語をやる、と考えてもよろしいのであります。私なども、ときどき、筋のある漫談をやりますので、

「ムセイのは、あれはマンダンじゃないデス。落語です。」

などと、蔭で仲間からいわれますが、なァにその人たちの勝手な定義と違っていても、いっこう差支えないと思います。

世の漫談家と自称するものの中には、筋のないのを好いことにして、ただ客を笑わせれば事足りると、主題もなく、構成もなく、計画もなく、気分もなく、なんでも客が笑いそうな小話や、駄洒落や、ニュースを、口から出まかせに並べたてる人があります。それも、自分で発見した材料ならまだしもよろしいが、同業の人の舞台を横から聞いていて、すぐその一部を無断で失敬する、落語家が昔から用いてるマクラをそのまま失敬する、漫才諸君のネタを好いとこだけ失敬する、というふうに、実に失敬千万なマンダンをやる人があります。

その失敬漫談でも、聴衆が終始大満足ならば、それもまた結構、立派に存在価値があると思います。ところが、そうしたツギハギ漫談、掻《か》キ寄セ漫談は、客の顔色を見ながら、アレを出したり、コレを出したり、少しも取り止めがないから、客の方では話の変る度毎《たびごと》に、また元の出発点に引き戻されて、すぐ疲れてしまいます。

筋はなくとも、一度、話が始まったら、客の興味をつなぎ止めたまま、グングンと最後まで引っ張って行かねばなりません。それを途中で何度も縄を切って、出発点へドスンドスンと落としていたのでは、一つところを行ったり来たりで、いつまでたっても客は面白天国へ登れません。

それには全体を一貫する主題が欲しい。たとえば交通地獄とかノイローゼとか、粗忽とか、恋愛とか、それに即した話を続けることが、原則として必要です。

あるいは、主題というほどハッキリしたものはなくとも、全体を貫くフンイ気というもので、支配できればそれもよろしいと思います。なんとなく楽しい気分、嬉しい気分、エロな気分、あわれな気分、そんなものが会場に満ちて、聴衆は時間のたつのも忘れる。これなら大した話術です、大した漫談です。いや、実はそれが最高、最純の漫談かもしれません。


で、落語には筋が必要だが、漫談には筋がなくてもよし、あってもよし、というところが実際的でありましょう。

C・落語は師匠から伝授されるが、漫談は自分で創作する。


新作の場合は別として、落語家はその師匠から「寿限無《じゅげむ》」とか、「がまの油」とか、「五人廻し」とかのお稽古を、差し向《むか》いでつけてもらう。あるいは師匠なり先輩なりの高座を、横からのぞいていて、その真似《まね》をする。

「実に、師匠そっくりだねえ。」

というのは、若い落語家にとっては、大した賞《ほ》め言葉であります。いや、若い落語家

のみでなく、老大家になっても、

「まったく、先代を聞いてるようだよ。」

と言われるのは、その先代が名人であれば、これまた非常な名誉であります。

ところが、漫談家にこれは禁物であります。見習中の者なら仕方がないが、仮りにも一本立ちとなった以上、絶対に人の真似はいけません、師匠の真似といえども、してはならないのです。


漫談には、落語のような古典がないのですから、昔の型を重んじ、伝統を踏襲する、という必要がありません。その代り、全部、当人の自作であるべきです。

したがって漫談には、何よりも明確な個性というものが、絶対条件です。むろん、落語家にも個性がなければなりません。しかしそれは、あくまで作品の内部におしこめた個性であり、知らず知らず作品の外側に、にじみ出してくる個性であります。が、漫談はその反対に、まず個性が外側に現われ、個性がその作品の中心にまで、しみ込んでいなければなりません。早い話が、餡《あん》コロ餅《もち》と大福餅との相違であります。


D・落語家には、時代感覚を必ずしも条件としないが、漫談には、それが絶対条件である。

落語家がたとえば、昔ながらの「天災」をやるとき、「廿四孝《にじゅうしこう》」を演ずるとき、彼はジャズを知らなくともよろしい、原子爆弾を知らなくても結構、ペニシリンを知らなくても大丈夫、いやむしろ知らない方が好《よ》いくらいなものでしょう。幕府時代封建時代の感覚で、心学の先生を演じ、大家さんを喋り、八つァん・熊さんを弁じたら、それで満点です。

しかし、漫談家が、時代に対して鈍感であって、たとえば未《いま》だに第二次世界大戦以前の感覚で、何か喋っているとしたらゼロであります。時代の進展変貌《へんぼう》とともに、カメレオンの如く、こちらも変って行かねばなりません。カメレオンでは軽薄に聞えるというなら、レーダーの如く敏感に、と言いかえましょう。

この時代感覚が鋭敏ならば、そして、その批判精神がギラギラと光るならば、かりにその人が落語の「天災」「廿四孝」を演っても、それは一種の漫談たり得るでしょう。

逆に、時代感覚が無に近い人で、批評精神など薬にしたくもない人が、しいて新しがって、ダンスを論じ、キッスを罵《のの》しり、冷かしたりしても、それは封建時代の落語と同じであります。

以上落語と漫談の差について、根本的な四ツの条件をあげましたが、川柳のような俳句もあり、俳句のような川柳もありまして、実際問題としては、区別のつかない場合が、多々あるのであります。

放送（物語放送のコツ）

まず、台本について申上げる。

放送局から渡される台本に、二通りある。そのままに読めばよろしい台本と、自分で工夫して手を入れねばならぬ台本とである。後者は、厳密にいうと台本というより、種本なわけだが、これがなかなかに多い。早い話が『宮本武蔵』『姿三四郎』『アラビアン・ナイト』『風と共に去りぬ』『ジキルとハイド』など、皆、その方なのである。

そのままに読めばよろしい方は、誠に手数が掛からなくて結構でもあるが、その代り、台本そのものが愚作劣作である場合は、いくら馬力をかけても放送栄《ば》えがしないから困る。聴取者の大多数は、作者など問題にせず、放送が面白くなければ、もっぱら語り手の責任にしたがる。酷《ひど》い話は、作者までが、評判がよくない場合は、語り手がまずかったからだと仰言《おっしゃ》る。この反対に、素晴しい台本を与えられた場合は、どちらかというと放送も楽にできて、好評を得られる——しかし前述の如く聴取者の大多数は作者を問題にしないのだから、語り手は自分の話術以上の収穫にありつくわけだ。

自分で工夫して、いろいろ手を入れる方は、厄介といえば厄介だが、私はむしろ、この方を歓迎する。原作は、もちろん尊重しなければならないが、もともと放送ということを念頭において書かれたものでないからそれを放送用に造りかえる、ということは、私の自由であるはずだ。つまり眼で読む文章を、耳で聞く文章にかえるのである。

たとえば吉川英治氏の『宮本武蔵』で、「思い出した――この辺の浦々や島は、天暦《てんりゃく》の昔、九郎判官殿や、平知盛卿《たいらのとももりきょう》などの戦の跡だの」と、武蔵が船頭と語る件《くだり》がある。眼で読めばこの「思い出した」がオカしくない。しかし私はこの「思い出した」を「ふーむ」にかえる。「ふーむ」という声の響きに、思い出した感じを含ませる。聞いていて、その方が自然なのである。

――舷《ふなべり》から真《ま》っ蒼《さお》な海水の流紋に……。

この「流紋」を私は、ただの「流れ」にかえる。眼で眺めれば「流紋」とは面白い文字であるが、これを耳で「リューモン」と聞いたとき、おそらくわかる人は幾人もあるまい。

――「武蔵か」巌流《がんりゅう》から呼びかけた。彼は、先を越して、水際《みぎわ》に立ちはだかった。

これを私は次のように替える。

――「武蔵か」巌流は先を越して、水際に立ちはだかった。

なぜかというと「武蔵かッ」という呼びかけは、声で表わせるのだから、呼びかけたという説明の言葉は要らないからである。

次に、放送台本の宿命は、時間に制限があるということ――以前はたいてい四十分だったが、この頃は、絶対に三十分である。

時計を脇《わき》に置いて、放送のときと同じ意気で読んでみる。三十分の時間があると、前後のアナウンスに一分あるいは二分を提供して、物語の正味は二十八分から二十九分である。そこで、読み終って時計を見て、二十五分掛かっていたら、丁度適当なくらいである。本放送となると、さらに意気が加わってくるから、三分ぐらい余裕を見ておく方がよろしい。

一回の物語中に、必ずクライマックスが必要なこと、言うまでもない。しかしそのクライマックスを、三十分のどの辺におくか、ということが問題である。場合により、そのクライマックス（最高調点）の如きものが二カ所にあることもある。原則として、最高調点は、終りの方に持って行く。連続物のときなど、最高調の頂点でピタリと切ることもある。

百頁《ページ》からの内容を三十分で喋る場合、一冊の内容を三十分二回で片づける場合など、台本製作については、まだいろいろと話があるが、こんなふうに書いていると、台本のことだけで紙数が尽きそうだから、この辺で話術の方へ移る。

●作り声はいけないこと。地の文句にせよ、会話にせよ、自分の持ってる自然の声を生かして使うがよろしい。ことに地の文句を読むときは、当人が日常何気なく用いている声が、一番適当である。作り声というものは、聞いていると飽きがくる。喋っていても、だんだん苦しくなり勝ちである。何よりいけないことは、不羈奔放《ふきほんぽう》の変化が、作り声の場合はむずかしくなる。

会話の場面は、ある程度の作り声は、人物の相違を表わし、性格を現わすため、やむを得ないときがある——しかし、それもある程度であって、声帯に無理をさせて、いわゆる声色《こわいろ》を使う必要はない。しからば、ある程度とはいかなる程度か? 当人の地声が三割なり五割なり残されている程度であるといえよう。

先代天中軒雲月女史は、七ツの声の持ち主とかで、子供が出れば子供の声、それも五歳の子供、十歳の子供に仕分ける。男が出れば男の声、それも青年、中年、老年と鮮やかに仕分ける。実にその点大したものである。だが、浪曲としては一種の邪道ではないか、と私は考える。あれはつまり声帯模写入りの浪曲で、いわば所どころに写真版の切りぬきを貼りつけた、絵画のようなものである。それはそれでまた珍品といえるけれど、純粋の絵画芸術ではあるまい。だからもし雲月女史が、自分の地声をちゃんと残していて、それだけの人物を描写できるなら、彼女の浪曲はもっと素晴らしいものとなると私は思う。

でも、浪曲の場合は、台辞《せりふ》と台辞との間に、適当な節が入って、全体を曲りなりにも結びつけるから、まだしも救われるが、これが物語となると、言葉コトバ言葉コトバ言葉の連続なのであるから、その中に声色が入ると、その部分だけ飛び離れてしまって、全体の打《ぶ》ち壊しとなる恐れがある。

もっとも、出て来る人物のすべてが、声色でそれぞれの変化を現わせれば、それもまた結構な聞きものであろうが、実際においてそれは、不可能である。そんな声帯の持ち主はあるまい。――もしあるとしても、それは日本中に（あるいは世界中に）一人か二人で標準にはならない。そこで、相当に（あるいは相当以上に）達者な声帯の持ち主でも、出てくる人物のある部分が声色で、ある部分は地声という結果になる。これは聞いていて、はなはだヘンテコな感じとなる。女優の扮《ふん》した芸妓《げいぎ》と、男優の扮した芸妓とが、同じ舞台で、色男の奪い合いをする芝居を見ているヘンテコさに似ている。

●単調平板を避けること。物語の放送者が、もっとも聴取者を退屈させ勝ちなのは、地の文章を読むときである。台辞の方は恰好《かっこう》がついても、なかなか地の文章は、もち切れるものでない。仮りに俳優が物語をやる場合、すなわち台辞（会話）のところは、お手のものだから、たいていの人が巧くやれる。しかし、これが地の文章を読む段になると、たいていは落第である。逆にアナウンサー（放送員）が、物語をやるとする——これはきっと地の方は割に巧く読めるが、台辞になると落第ということになるであろう。

心理の説明、情景の説明——だいたい地の文章は、そうしたものだが、由来、このセツメイということが面白くないものなのだ。それを退屈させずに、臭味《くさみ》をもたせながら、読んで行くということは、容易な仕事でない。

烏滸《おこ》がましく「物語放送のコツ」などという文を書いている私自身、あんまり長い地の文章の朗読には、はなはだ自信がもてない。だから、いつでも地の文章は、なるべく短く短く短くと心掛けて原作者には済まないが、青い鉛筆を用いて行数を減らしてる始末だ。

なぜそんなにむずかしいかというと、とかく単調平板になり勝ちだからである。聴取者はこの単調平板をもっとも嫌う。むろん放送者の方でも、それは百も承知のことだから、できるだけ苦心して単調平板を避けようとする。そして、一種の節をつけたり、メリハリをつけたりして、聴取者の注意を引っ張って行こうとする。

ところが、その節廻しや、メリハリが同じように何回も繰り返されると、やっぱり単調平板の感覚しか与えない。

極端に言うと「マ」さえ巧くとれていれば、ノッペラボーの棒読みでも、ある程度までは聴取者を引きつける力がある。

（この問題については、第一部総説において、すでに述べてあるから、あとは略します。ただ一言お断りをしておきますが、「間」というのは単に黙ってる間というだけの意味ではありません。広く申すと全体のリズムのバランスの問題であります。）

話道の泉

1

雄弁術の神様デモステネス（紀元前三百年ごろのギリシャの人）が、あるとき、彼の雷名を慕ってはるばる訪ねて来た人から、

「先生！　どうか雄弁術の秘訣《ひけつ》を教えて下さい。」

と言われて、次のように答えた。

「せっかくのお出《い》でだから、虎《とら》の巻をお教えしましょう。雄弁術の大家になるには、何よりまず、自分の態度に注意することが肝要です。」

「なるほど。その次には何が肝要でありましょうか？」

「態度に注意することです。」

「いやわかりましたが、その次は何が？」

「態度に注意することです。」

相手もデモステネスはツンボかなと思ったほど、同じ答えをしました。

これも、あるいは後世のツクリ話かなと思われるが、しかし、立派に真理を含んでいる話だ。もちろん、いくら態度が立派でも唖《おし》では雄弁術の大家にはなれない。立派な言葉の積み重ね、もとより必要である。

しかし、とかく世人は、雄弁というと、ただお喋《しゃべ》りが上手ならよろしい、と考え勝ちである。それをデモステネスは、根本的の戒めとしているのだ。言うことがいかに優れていても、態度がなっていなければ、聴衆は絶対に感動しないであろう。この場合〝態度〟という言葉を〝人格〟という言葉に置き換えてみると、よくわかるであろう。

2

第一次世界大戦当時の、アメリカ大統領、ウッドロー・ウィルソンも、雄弁家列伝には欠かすことのできない大物だが、

「一時間位の長さの演説会なら、即座に登壇してやれる。二十分ほどのものだったら

二時間ほど用意が要る。もし五分間演説だったら一日一晩の支度がないとできない。」と言ったことがある。面白い言葉だ。

なるほど一時間の演説なら、始めの方の時間を、半分考えながら喋ることができる。三十分も、なんとなく聴衆を釣ってるうちに、すっかり支度ができてしまう。が、二十分間で何か自分の主張をハッキリわからせるためにはたしかに用意が必要だ。二十分ぐらいは、くだらない主張をしてるうちに過ぎてしまうからである。無駄を言ってる暇がほとんどない。

それが、五分間で、ということになると、持ち駒《ごま》の限られた詰め将棋みたいなもので、一手だって遊びは許されない。どうしても、王手々々で詰めてしまわねばならない。二人の勝負である将棋が一時間ですむものなら、一人で考える詰将棋が、一晩掛かることもあるわけだ。

ただし、五分間の演説といっても、座興をそえる程度の、テーブル・スピーチなどはまた別の話だ。いや、これとても本当に、皆をアッと感服させるようなシロモノになると、一週間ぐらい考えても、なかなか満足なものはできないかもしれない。

3

英国首相ロイド・ジョージは、北ウェルズ生れの五尺そこそこの小男であった。第一次世界大戦中のある日、南ウェルズ地方に演説に出かけた。

司会者は大のロイド・ジョージ崇拝家であったが、彼を紹介するとき、こんなことを言った。

「実は、正直に申しますと、かねて畏敬《いけい》するこの偉人は、もっと身体《からだ》の大きい堂々たる方と予期していたのですが、今日はじめてお目にかかって、実に意外に存じた次第で……」

すると首相は、大男の司会者に、ジロリと一瞥《いちべつ》を与えておいて、

「実は、私も意外に驚いたことがあります。それは、私の生れた北ウェルズとご当地とでは人物を計る標準がまるで違ってるらしいことです。どうも、司会者の今のお言葉によると、南ウェルズでは人物をアゴから下の大きさで計るようですが、私共の北ウェルズ地方ではアゴから上の大小で人物を計るのであります。」

そう言って、自分自身の大頭を、愉快に振ってみせた。果然、破れんばかりの大喝采《だいかっさい》であった。

初めての地方に行っての演説は、最初の一言が肝要である。それで聴衆をつかんでしまえば、あとが実にラクなのである。

この場合、ロイド・ジョージは、とっさの機転でそう言ったのか、それともかねて自分の欠点を心得ていて、ちゃんと万一に備える用意があったのか(おそらくは後者であろうが)、とにかく、自分が何かと言われそうな点は、日ごろよく検討しておいて、手際《てぎわ》よくポンとヒットを放つだけの心構えは、演壇に立つ人も舞台に立つ人も必要であろう。ある歌舞伎《かぶき》役者が、名古屋の舞台を踏んだところ、しきりに大根(ヘボ役者)々々という声が客席から起った。するとこの役者は、舞台のセリフ廻しをそのままに、

「ダイコンとはだれがことだァァ!」

と見えを切った。客席から、

「ワレが事だァァ!」

とセリフもどきでいったら、間髪を容《い》れず、見えの形を改めて、

「あ、オレがことかァァァァッ!」

トンカランと、みごとな見えを切った。

これで満場、大笑いの大喝采となり、その役者は名古屋の人気ものになったという。

ロイド・ジョージの話と一脈通ずるものであろう。

すなわち、両方とも、禍《わざわ》いを転じて福となす、話術の働きといえる。

4

負け惜しみというものは、イヤなものであるが、その負け惜しみが、あまりに鮮やかであると、また格別の面白さを発揮する。

孫楚《そんそ》（中国晋《しん》代の人）なる男が、年若くして隠居せんとし、

「余はこれより山水の間に退き、悠々自適、石に漱《くちすす》ぎ流《ながれ》に枕《まくら》するような仙人的生活に入ろうと思う。」

といった。友人の王済が、聞きとがめて、

「オイオイ、それは流に漱ぎ石に枕すの間違いだろう。」

と注意した。すると孫は、内心失敗《しくじ》ったと思ったのだろうが、表面平然として、

「いや、流に枕すというのは、耳を洗うためで、石に漱ぐというのは、歯を磨くことだよ、ハッハ。」

と言った。そこで〝漱石枕流《そうせきちんりゅう》〟とは、負け惜しみの強いことを言う熟語になったが、

とっさの間に、これだけの頓智《とんち》が働くというのはエライ。

友人同志の会話などでは、やりこめられて、そのままギャフンと参るよりも、なんとか巧みにコジつけて切りぬけると、大いに興を増すものである。もちろん、心の底に敗《ま》けたことを認める雅量は欲しい。が一応、何か言ってみるのもお愛嬌《あいきょう》である。

夏目漱石の号は、この故事から来ているものと思われる。ただし、漱石の霊にこれをただすと、いや、俺の漱石は、そんな負け惜しみを言うような、ケチな由来ではない、などと、機智を働かして、とても面白い負け惜しみを言うかもしれない。

鎌倉の円覚寺に行って、私は手洗いの石に〝漱石〟の二字彫ってあるのをみたが、たしかこの寺で参禅したことのある漱石は、

「俺の号は、手洗い石という意味さ。」

などと答えたかもしれない。

5

漱石といえば津田青楓《つだせいふう》氏の漱石書評は、そのまま話術の評にも当てはまる。

「自分は漱石さんの書に尊敬を払ってるが、それほど巧《うま》いと思ったことがない。（中

略）実際漱石さんの書は、良寛ほど奔放自在にして枯淡に徹したものでもなければ、寂厳《じゃくごん》ほど天真にして力強いものでもない。（中略）しからばなぜに尊敬するか、と詰《きつ》問《もん》さるればただ一言、その態度が素裸体であるからというだけのことである。（中略）書の最後のものは、結局人間としての心がけ如何《いかん》が、書の上に表われるので、下等な心がけのものは、結局下等な字になり、志の高潔なものは、自《おの》ら《ずか》書の上に清高な品位をもたらすことになる。漱石先生の書道はけっして巧みなものではないが、その紙に向い、毫《ごう》を揮《ふる》う態度に、けっして世俗の人間のように、うまくみせてやろうという卑屈なる根性がなく、まずければまずいまま、うまければうまいまま、現在の自己を素裸体にして他人の前にさらけ出していられる。その点に自分は敬意をもって、いつも漱石先生の書に対することができるのである。」

話術も書と同じく、人間の心がけが自然と表れるものだ。できた素人《しろうと》の書は、素裸体であれば尊敬できるように、素人の話術を巧く聞かせようなどと思わず、赤裸々虚心に語れば、それで上々なものである。

もちろん、本職の場合は、巧いまずいが大いに問題になる。が、この巧いまずいの他に、その話者の人柄というものが、さらに問題だ。これは、書道どころの騒ぎでなく、もっと端的に、もっとマザマザとその人の上品下品が、話のうちに表れてくるから恐ろしい。

6

秀吉一日、放鷹《たかがり》に出で喉《のど》乾きければ、観音寺に至り、誰かある茶を立て来《きた》れと所《しょ》望《もう》せらる。そのとき佐吉（石田三成）大なる茶碗《ちゃわん》に、七、八分をぬるく立てて持来る。秀吉之《これ》を飲み舌を鳴らし、気味良し、今一服とあれば、又立てて之を捧《ささ》ぐ、前より少し熱くして茶碗の半に足らず、秀吉之を試み、又試に今一服とあるとき、今度は小茶碗に少しばかり、成る程熱く立てて持来る。秀吉之を飲み、其《その》気の働を感じ、住持に乞《こい》て近臣とせり。ときに年十三。

以上は石田三成が秀吉のお眼鏡に叶《かな》った有名な話であるが、これだけの注意力が働く人なら、話術家になっても大成功だろうと思われる。

始めにぬるくしてタップリ、次が少し熱くして量を減らし、最後にとても熱くしてチョッピリなどは、これをこのまま話術に応用してしかるべしである。

7

黒田孝高《よしたか》（如水）、病に臥《ふ》し、死前三十日ばかりの間、諸臣を罵辱《ばじょく》す。諸臣思うに、病気はなはだしく、殊《こと》に乱心の体《てい》なり。別に諫《いさ》むべき人なしとて長政《ながまさ》（孝高の息）に告ぐ。長政もっともと思い孝高に、諸臣畏《おそ》れ候《そうろう》間少し寛《ゆるやか》にし給《たま》えと言う。孝高これを聞き、耳を寄せよといわれし故《ゆえ》長政寄せければ、「是《これ》は汝《な》が為《た》めなり、乱心にあらず」と小声に言われけり。是は諸臣に厭《いや》がられて、早く長政の代になれかしと思わせんためなりしとぞ。

故菊池寛氏の説によると、戦国時代の武将の中で、どうしても五人選べということになるとこの黒田孝高を一人加えないわけに行かないそうだ。その目先の利《き》くことは、秀吉、家康以上ではないかと思われるという。

この死の直前における、諸臣罵倒侮辱の件は、ある意味では大話術である。家来どもを交々《こもごも》枕元に呼んで、セガレのことは何分頼むと、千言万語を費すよりは、片端から怒鳴りつけ、叱《しか》り飛ばし、毒舌のあらん限りをつくして、「早くこんなオヤジくたばれば好《い》い。とてもこれではやりきれん。一日も早く、息子の代になってもらいたい。」

と、思わせた方が、はるかに効果的で、セガレのためになるわけ。話術においてもその通り、千語万語を用いるより、意外の方向から一言二言で、同じ効果をあげる場合がある。

8

古賀精里《こがせいり》（弥助《やすけ》）が、佐賀藩からはじめて大阪に出て、中井履軒《なかいりけん》に会い、文章の草稿を見せた。すると履軒は、精里の三枚余の文章を半枚ほどに縮めた。心中不平であったが、あとで対照して見るといかにも修正した文の方が、簡潔で要を得ている。精里は自分の方に贅字《ぜいじ》が多いと悟った。

ここまでは、よくありそうな話だが、これからが面白い。すなわち、この一件を後年において聞いた尾藤二洲《びとうじしゅう》（大阪の大学者）が、膝《ひざ》を打って感嘆し、次のように言った。

「いや弥助さんはさすがに偉い。だからこそ名を成したのだ。半枚に書けるものを三枚に引き伸したのは彼の力である。」

同じようなことが話道にもある。長い話をして、面白いので短く感じさせるのも名手であるが、場合によっては、五分間話して、三十分も聞いたように（もちろん面白くだ）、感じさせるのも大名手でないとできない。

故一龍齋貞山師は、この意味における名人であった。普通にやると三十分から四十分は必要な「忠臣二度目の清書」などを、ときによると十分以内で片づける。しかも、聞いていて、そんなにハショッた感じがしないというから偉い。

今日、名作落語と言われているものの中には、小話の引き伸しが中々たくさんある。これなども一分とは掛からない話が、三十分ぐらいに引き伸されたわけで、昔の名人たちが幾人掛かりかで、今日のものにまで成長さしたのである。

9

画聖円山応挙が、臥猪《ふすい》（眠れる猪《いのしし》）の画を描いて、知合の田舎老翁《ろうおう》から「それは病気で寝てる猪だ」と注意された話は有名である。またあるとき、野馬が草を喰ってる絵を描いて、一老農から「この馬は盲目だね。なぜなら、馬が草を喰おうとするときは、草の尖《とが》った葉が眼に入るのを嫌って、必ず眼を閉じて鼻づらを突込むものだ。ところでこの馬は、目をパッカリ開いたままで草を噛《か》んでますね。だからメクラ馬でがすよ。」と教えられた話も、有名である。以上は、本当にあった話か、それとも後人のツクリ話か、それはどうでもよろしい。応挙ほどの大天才でも飛んだ手落ちがあるということ、詰まらない人間のようでもその人に教えられる場合があること、これは総《すべ》ての芸道に通ずる話だ。

故市村羽左衛門が、舞台で木賊《とくさ》刈りをやったとき、見物席の田舎爺《じじい》が「あッ手を切る、手を手を切る」と叫んだので、あとで訊《たず》ねたら鎌《かま》の刃の向け方が反対であったとわかった。

故橘家圓喬が槍《やり》で勝負する話をしていたとき、それまで固唾《かたず》をのんで聞いていた客席の老人が圓喬が槍を構えたとたんに「まずいッ！」と怒鳴った。あとでたずねると槍を構えるにしては、右手に力を入れすぎていて、自然ウソに見えたからとわかった。話術の修業も、絶えず先輩、専門家の意見を聞く以外に、なんでもない普通人の意見、子供の意見をも注意すべきであろう。

10

何代目の観世太夫《かんぜだゆう》であったか、あるとき弟子を連れて旅へ出た。ある夜、宿屋の隣

室から朗々と謡《うたい》が聞えて来た。なかなか上手である。観世は弟子に向って、

「あの謡を止めさして見せようか。」

と言って、早速《や》やり出した。すると隣室の謡がピタリと止って、こちらの謡に聞き入ってる様子であった。

数日後、別の宿屋に泊ると、またしても隣室から謡が聞える。そこで弟子が、

「先生、この前のように、あれを止めさせてご覧になりませんか。」

と言ったら、観世苦笑して、

「いや、今夜のは、自分の謡で止めさせるわけに行かない。なぜなら、先夜の人は中々の達人であったから、自分の謡より上手なのが聞えたから、驚いて止めたのである。今夜の人はまだそこまで行っていない。他人の巧拙を聞きわけるところまで行っていない。だから、うっかり謡い出すと、なおさら、負けない気になって声を張り上げてやるに違いない。」

と答えたという。

芸道はこんなものだ。話の方でも下手の長談義というが、他人の話の巧拙が、ちゃんとわかるようになったら、その人はもう相当な達人といえる。空《から》ッ下手《べた》の天狗《てんぐ》野郎が、芸界には実に多いのである。これは、私自身に対しても、厳に戒めなければなら

ない点だ。

11

五代目尾上菊五郎が、清水一角を勤めるときの話。山鹿《やまが》流の陣太鼓の音にガバとはね起き、「今この太鼓を世の中に、熟練なしたる武士は、松浦侯のご隠居と続いて赤穂《あこう》の……」

と言って〝ブッ〟と驚いて、

「姉上、夜討でござる、夜討でござる。」

と叫ぶ段取りであるが、五代目以外の俳優がこの役を演《や》ると、一句ずつモノモノしく切って以上の台辞《せりふ》を言う。しかし、五代目の考えでは、清水一角ほどの武士だから「松浦侯」というときにはもう赤穂の事が頭に浮んでるわけ、そこで「松浦侯のご隠居と続いて赤穂の……」までを一息に句切らずに言って、ブッと驚くことにしたのだそうだ。

「松浦侯のご隠居と」で句切ってしまうと、とたんにブッと驚くのが当然で、「続いて赤穂の」を言ってる暇がないはずになる。一息に言えば、頭の中の働きと、口の動きが一致して「続いて赤穂の……」でブッと驚いたときに、見物の方で「赤穂の城代家老大石内蔵之助《くらのすけ》」と、あとの文句を考えてくれる。さすがに名優だ。ここまで自分の扮《ふん》している役柄の心理と、見物席の客の心理とを、突込んで考えるということは大したことだ。

12

六代目菊五郎丈著の『芸』という本には、いろいろ話術の参考になることが出てくるが、團十郎（九代目）の定九郎の話なども、その一ツである。

定九郎が与市兵衛を殺して財布を奪い取り、右手を財布口に入れて、中の金の勘定をする所がある。この金の数え方にさまざまの型がある。一枚々々音をさせて財布の底に落すやり方もあるが團十郎は浄瑠璃《じょうるり》の本文に「暗がり耳の摑《つか》み読」とある通り、封印のままをコバ読みにした。コバへ爪《つめ》をかけて口の中で「四十五両、四十六両、四十七両、四十八両、四十九両」までを言って、次ぎに声を出して「五十両」と言う。

この口の中で言ってるというところが、大切なのである。「いきなり、五十両を声に出して言うと、小判が飛出してしまう。口の中で順々に言ってきた、その続きの調子で言えば数えてきたことがわかるのだ」と教えたそうだが、話術にもこの心掛けは肝腎《かんじん》だ。

聴衆の耳に聞えていない部分が、聞えている部分と同様に重大なのである。聞えていない部分に、注意が行き届いていないと、聞えた部分までウソになってしまう。

13

近世話術界の巨星、三遊亭圓朝が、あるとき早稲田の大隈邸のお座敷に行った。一席終ってから、主賓の伊藤博文《ひろぶみ》公が、盃《さかずき》を与えようとした。圓朝恐れをなして、遠慮した。

すると席にいた小村寿太郎当時まだ小官吏であったが、圓朝の耳に小さな声で言った。

「遠慮するには及ばない。受け給え。実は、この席では君が一番エライんだぞ。」

「ヘッ飛んでもない、ご冗談で。」

「冗談ではない。その通りさ。では聞くが、君が死んだら君の衣鉢《いはつ》を継ぐものがあるかどうだ？」

「さァ、それがございませんので、私も残念に思っております。」

「そうだろう。そこで、君が一番エライというわけさ。今夜、この席にいる元老なり大臣なり、皆くたばっても、その後継者はいくらでもあるんだ。」

と圓朝を励ましたという話。

さすがに後年の大外交家小村である。若いころから大官連を呑《の》んでいた。その元老大官どもを呑んでいた若年の小村侯が、三遊亭圓朝の芸に敬意を表していたところが、私には非常に面白い。

封建日本のエラ方なるものは、芸道の有難さなんてものは不感症の連中が多かった。そんな指導者どもが、日本を四等国にしてしまったのであった。

14

座談でも、あんまり喋り過ぎた後は、憂鬱《ゆううつ》になることがある。言わでものことを言ったと思うときはなおさらそうだ。

これが聴衆を前にして一席喋った後はまた一段と憂鬱の度が強い。講演でも、漫談でも（放送でも）あとで好い心もちだなんてことはめったにないものだ。

喋ってる間に、自分の失敗に気がつく。その失敗を取り返しのつかぬまま、次の件《くだ》りに移る。また失敗がある。そんなふうにして心の底にイヤな味がだんだん沈澱《ちんでん》して重くなる。その重さが憂鬱の主たる原因だろう。

だから、聴衆から喝采を浴びて引下って来た場合でも、内心欝々《うつうつ》として楽しめないときが多い。

これは、私だけの神経衰弱的、被害妄想的なる傾向かしらと思っていたら、大多数の芸談家は皆そうであるらしい。自分のお喋りに、あとで満足しきってるなんて人は、素人はいざ知らず、本職にはほとんどない。本職でそんなオメデタ人があるとすると、まず、その人の芸はなっていないと言ってもよろしい。

近世、話術の名人といわれた、故伊藤痴遊氏なども、やはり憂欝党であった。帰宅してからまで、その日の出来について、アレコレと思い悩んでいたそうだ。

痴遊氏は、見るからに豪放な人物で、大臣だろうが、暴力団だろうが、鼻であしらうような印象を与えられるが、こと話術に関してははなはだ神経質であった。

――どうも、あすこの言い廻しはまずかった。あすこの意気はマが外れていた。あの部分はもっと力強く言うべきだった。

というふうに、寝床についてからまで、工夫をこらしていたという。

氏の如《ごと》く、五十年も演壇や、舞台や、高座に立って、お喋りを業としていても、やはりそのような悩みがあったのである。つまり話術も一生の修業であるからだ。

15

大谷内越山《おおやうちえつざん》という人は、よほど話術を研究したものらしい。講釈を研究したというより、話術を研究したという感じに思われる。涙香《るいこう》もの鏡花ものなどを、寄席《よせ》の高座で演じた人だ。

あるとき彼は、正岡容《いるる》君を相手に芸談をやったが、遊廓《ゆうかく》の夜更《よふ》けと、暁近くの、上草履の音（花魁《おいらん》が廊下を歩くときの）の描写で、

「夜更の上草履は〝バタリバタリ〟で、暁方《あけがた》の上草履は〝パタリパタリ〟です。」

と説いた。正岡容君唸《うな》って感服したそうだが、なるほどその通りと私も膝を叩《たた》く。

バタリバタリとパタリパタリ、別にどっちでもよさそうなもんだが、正にこの変化で、お女郎屋の夜更けと暁方の感じが、ハッキリと表現される。

16

神田伯龍《かんだはくりゅう》君が、売り出しの若いころ、はじめて怪談を手がけてみた。幽霊の出を、せいぜい物凄《ものすご》く聞かせて満場を震え上らせるつもりであった。

さて、いよいよシトシトと読みこんで、客席もすっかり引きつけられている様子に、自信をもって幽霊を登場させ、怨《うら》みの言葉を述べたところ、なんたることだ客席に笑い声が起ってしまった。大失敗である。

なぜ客が笑い出したのであろうか、伯龍は考えた。自分の芸が未熟であるから、そいつは言うまでもない。しかし、自分よりもっと未熟と思われる同業が、結構笑わせずに幽霊も出すではないか。一面、恐ろしければ恐ろしいほど、笑うという心理も確かに客にある。

自分の場合、あの幽霊が出るまでは、大丈夫巧くいってると思う。するとつまり、幽霊の工夫が足りなかったのだ。いや、幽霊そのものも、幽霊としてのわが表情や、セリフ廻しに、これぞといって客を笑わせる隙《すき》はないつもりだ。ということになると、問題は幽霊が出るまでと幽霊が出てからその間、そこにまずいところがあった。隙があったのであろう。

いろいろ考えた末に、次に演ずるときは、幽霊の言葉は、顔を少し下向きにして、上目使いに見上げながら言った。果然、客席はシーンとなって、もちろん、笑うどころでない。それからだんだん顔を上げて、長セリフを言うのであったが、もう客の方ではもっぱら凄がっていたそうだ。

始めの失敗は、顔を上げたままで、イキナリ幽霊になったので、その突然の変化が可笑《おか》しかったのであろう。顔を少しく下に向ける、それだけの間に、客の方では幽霊の出る心構えをして待つ、それならおかしくなりっこない次第である。

17

昔は、雄弁家を賞《ほ》めるのに、次の如く言ったものだ。

「島田三郎にしても、永井柳太郎にしても、演説を速記してそれがそのまま、立派な文章になってるから大したものだ。」

しかし、それなら文章みたいな言葉で、演説していたのだろうということになる。

それでは話術としての立場からはどうかと思う。

ハナシ言葉とカキ言葉は、現在までの日本語においては、まるで種類の異なるものだ。ハナシというものは、耳から聞かせるものであり、文章というものは目で読ませるものだ。

「原稿をお書きになるのが面倒なら、速記者をさしむけますから、お話し下さればそれで結構です。」

と、雑誌社の人がよく私に言うが、私はいつもそれを断わる。私が喋りたいように喋ったら速記してもダメなものだ。そうかといって、雑誌の読みものになるように、加減して喋るということは非常に厄介だ。（座談会の場合はまた別である。）

私たちの理想は、ハナシ言葉とカキ言葉が同一になるということだが、なかなか近き将来では、そこまで行けないらしい。

18

私が中学一年生のとき、英語の教諭は中西保人先生だった。ある日のこと生徒の一人が、和英辞典でABORTIONという字を見つけ、わざと知らん顔をして中西先生にその意味を質問した。すると先生はニコリともせず「それはダタイのことだ」とズバリと言った。悪生徒たちは先生がもしヘドモドしたら、大いに笑うつもりでいたから、すっかり当てが外れて、ペシャンコに退治られてしまった。

この話には二ツの教訓がある。一つは、相手の意表に出ると相手を沈黙させる場合があること。も一つは、性的な問題も平静にズバリと言ってのければ、おかしくないこと。

今日性教育ということがやかましく言われているが、この呼吸が大切である。教師がエヘラエヘラ笑ったり、テレたりしていては、とうてい性教育などできるものでない。子供にも通ずる適確な言葉をもって、よろしく平静にズバリと教えるがよろしい。

19

ラジオの演説で、経験のない人が失敗する原因の一ツは、ラジオの聴取者が何千万もあると聞いて、そのつもりで大会場の大演説をやらかすことだ。ところが、実際は無数のセットに分けられて、一人かせいぜい五人ぐらいの人が聞いているに過ぎない。周囲で大勢が聞いているという場合は異例である。だから、どちらかというと、聴取者と二人さし向かいで語るぐらいの心もちでやった方が効果的なのである。

20

ある有名な新聞人が、ニュースというものの本質について次の如き警句を吐いた。

「犬が紳士に喰いついた——これはニュースにならない。紳士が犬に喰いついた——これは立派なニュースである。」

座談にニュースを入れる場合、この原則を忘れずにいれば、自然とわが身辺にニュースのころがっているのを発見できるであろう。

21

突然の変化というものはおかしいものである。赤ン坊が一番最初にキャッキャと笑うのは、居ナイ居ナイ・バァである。

外国の喜劇で、至極立派な紳士が、気取って堂々と歩いて来て、これが突然引っくり返ってころぶ。これは絶対に可笑しい。二度目に見ても、俳優が巧ければおかしいが、もうころぶと知っていて見ると、そうおかしくない。知らずにいて突然がおかしいのである。私はかつて、シンガポールの陸軍病院で、ある陸軍士官の経験談を聞いて、腹をかかえて笑った。それは時限爆弾を劇場や、バスの中に置いて犯人は姿を消す。周囲の連中がハテコレは何ジャロウと考えてると、バァァァンと破裂して、だれもいなくなっちまうという話。こいつが実におかしかった。本来、おかしいどころか、大悲惨な話である筈《はず》なんだが、この〝突然の変化〟を客観すると、とてもおかしくなるのである。

22

故島田俊雄《としお》氏は、私の郷里の大先輩であるが、私の敬意を表しているのは、彼が議場における斗論《とうろん》の雄であったことだ。大臣席に納まった氏はむしろ勝手違いにさえ思われる。彼が野党であって、質問あり動議ありと自席に立ちよると、大臣席の連中はゾッとしたそうだ。たしか〝白虎《びゃっこ》〟とか〝白鬼〟とかいう渾名《あだな》があったと思う。うっかり相手になっていると、たちまち、言葉尻《ことばじり》を捕えられて、ギュウギュウの目に合わされる。その言葉の引っ掛かりを押えること、正に神の如きものである。いや、単に言葉尻だけでなく、実に奇妙な論法で、グイグイ押しまくられ、グウの音も出なくなる。

「いったい、先生は何によって、あの論法をご研究になりましたか?」

とあるとき私の叔父の天野雉彦《きじひこ》が質問したところ、次のように答えた。

「いや、このことは今までだれにも言わなかったが、君は話が商売人だから、特に君だけにはタネを明かす。実はね、例の〝戦国策〟じゃよ。あれは僕は暗記するほどに読み返した。実にあの本は喧嘩《けんか》論法の宝庫じゃ。あれさえ心得ていれば、いかなる場合にも凹《へこ》まされっこなし、あらゆる場合に相手をとっちめる秘伝が、ちゃんと書いてあるよ。ただしこれは君だけへのうちあけ話。めったに他言無用だよ、ハッハッハ。」

東京を愛した〝雑の人〟——徳川夢声について——

濵田研吾

徳川夢声のキャリアが多彩だったことは、自他ともに認めている。昭和四十一（一九六六）年に刊行された『プロ・タレント　花形稼業入門』の編者になったとき、「アマチュアへのすすめ——はしがきに代えて——」と題し、こう書いた。《私は税務署へ提出する申告書に、長い間、職業欄に〝雑〟と一字記した。これはけっしてふざけて記したわけでない。事実そのとおりであったからである》。夢声は自らの仕事を「舞台俳優」「映画俳優」「漫談」「ラジオ放送」「著述」に分類し、「五足のわらじ」と称したうえで、こう続ける。《じつはその五つとも全部〝話術〟の延長みたいなものばかり。考えようによると、やはり〝一足のわらじ〟であったともいえる》。

徳川夢声こと本名・福原駿雄《としお》は、明治二十七（一八九四）年四月十三日、島根県美《み》濃《の》郡益田《ますだ》町（現・益田市）に生まれた。父の庄次郎《しょうじろう》は地元の警察官であった。

駿雄は三歳のとき、看護師を目ざす母のナミ、父方の祖母であるフサと上京した。それからまもなく、ナミは幼いわが子を神楽坂《かぐらざか》の路上に置き去りにしたまま、年下の恋人のもとへ出奔する。妻の出奔を知った庄次郎はおくれて上京し、ナミとの協議離婚が成立する。駿雄が彼女と再会したのは十九年後、二十三歳のときだった。

母に捨てられ、祖母に育てられた駿雄は、女の子とままごとに興じるような、どちらかといえばひ弱な少年だった。そんな子ども時代を落語が救った。雨で体育の授業が中止になると、独学で覚えたネタをアレンジして教室で披露、同級生を喜ばせる。頭のよかった駿雄は、名門の東京府立第一中学（現・東京都立日比谷高等学校）、通称「一中」への入学を果たす。末は博士か大臣か、庄次郎はひとり息子の将来に夢を描いた。一中時代には寄席《よせ》に通い、活動写真にふれ、同級生と回覧雑誌をつくった。そんな青春時代、庄次郎の遠縁にあたる隣人の人妻に淡い恋ごころを抱いている。伊藤《いとう》シゲ、のちに新劇女優となり、三十代の若さでこの世を去る伊澤蘭奢《いざわらんじゃ》である。

明治から大正に変わるころ、駿雄は東京府立第一高等学校（現・東京大学教養学部）、名門として知られた「一高」を目ざす。しかし二度続けて落第。初代三遊亭圓歌《さんゆうていえんか》に弟子入りして、落語をやりながら浪人することを考える。そのもくろみは、「高座に上がられると世間体が悪い」という庄次郎の反対にあい頓挫《とんざ》する。「くらがりで話す

〝カツベン〟ならいい」と父に諭され、映画説明者「活動写真弁士」にしぶしぶ進路を変えた。

　大正二（一九一三）年夏、新橋にあった第二福宝館の主任弁士・清水霊山の門下となり、見習い弁士・福原霊川としてデビューする。二十歳前後の多感な時期、弁士の仕事や人間関係に悩むことが多く、大阪、神田《かんだ》、浅草、秋田と映画館を転々とした。

　大正四（一九一五）年秋には、洋画専門の赤坂葵館《あおいかん》に転じ、葵にちなんで「徳川夢声」に名を改めた。その名を決めたのは、葵館のスタッフたちであった。根が努力の人であった夢声は、葵館で頭角をあらわす。慣例だった作品紹介「前説《まえせつ》」を排し、本編では美字麗句を並べた七五調の説明ではなく、リアルな語り口を心がける。上映作品のデータやコラムを記した『週刊アフヒ』を創刊したのも、夢声のアイデアであった。『週刊アフヒ』には毎号のように、夢声を絶賛する投書が掲載された。《徳川君の透明で力強い――理解に富んだ説明を聞く時は魂が蕩《とろ》けて映画と合致して了《しま》ふ。実に徳川君の一言一句は光輝に充《み》つ》（大正六年十月十五日発行・第九号）。

　人気絶頂の葵館時代、同館の案内係だった中村信子と結婚、長女をもうけた。二十七歳で葵館を辞めたのちは、さまざまな映画館から引き抜かれつつ、弁士以外のキャリアに磨きをかけていく。当時の人気弁士や有名俳優が得意芸を披露する「ナヤマシ会」のプロデュース、ユーモア小説の執筆、福原駿雄の名で発行人となった『映画音楽愚談雑誌　錯覚』（錯覚社）の創刊、大正十四（一九二五）年の試験放送の頃からラジオにも出演する。モダニズム文化が花咲く帝都東京にあって、文化の先端をゆくアイデアマンであった。

大正時代の末からは、新宿武蔵野館《むさしのかん》の主任弁士を務めた。チャップリンの喜劇からメロドラマ、野心的な問題作まで、あらゆる作品を説明し、多くのファンが映画と夢声の説明を楽しみに武蔵野館に通い続ける。

そんな順風満帆なキャリアに、大きな節目がおとずれる。映画がサイレントからトーキーの時代を迎えるなか、その流れに抗《あらが》うことはできなかったのだ。昭和八（一九三三）年春、四十歳を前に弁士を廃業し、くらがりの弁士台に別れを告げた。

ここからがキャリアの第二ステージとなる。俳優として、P・C・L映画（東宝映画の前身）ならびに古川緑波《ふるかわろっぱ》が旗上げした「笑の王国《わらいのおうこく》」に出演。漫談家としての仕事、文学座の創立参加および出演、ユーモア小説集の出版など、活躍の場を広げた。

ラジオでは原作をそのまま語る朗読ではなく、その持ち味を損なわずに自ら手を加えて台本に仕立てる「物語」を得意とした。昭和十四（一九三九）年からは、吉川英治原作『宮本武蔵』の物語放送が始まり、戦前・戦中・戦後と〝吉川武蔵〟の語りをライフワークとした。

太平洋戦争が始まると、国内外をとわず東奔西走した慰問公演、戦意高揚映画とラジオへの出演に忙殺される。戦時中の日々は、公刊された『夢声戦争日記』（中央公論社）に詳しい。全五巻からなる同日記は、戦時中の暮らし、軍部に協力した芸能人の思惑と葛藤《かっとう》を知るうえで貴重な記録となった。

戦後になっても、旺盛《おうせい》な仕事ぶりは変わることがない。戦後の出版ブームのなか、昭和二十二（一九四七）年には著書『話術』（秀水社）を刊行。二年後には別の出版社（白揚社）から改めて出版され、何度となく版を重ねた。生涯に百冊以上の本を出した夢声にとって、『話術』はもっとも売れたロングセラーとなる。

戦後の仕事で無視できないのが、精力的に取り組んだ作家活動である。兵役を回避した青年の悲喜劇を描いた「九字を切る」（『文藝讀物』昭和二十四年二月号）、被ばく直後の広島を舞台にした異色の原爆文学「連鎖反応　ヒロシマ・ユモレスク」（『オール讀物』昭和二十五年三月特別号）など、ユーモア小説、ミステリー、私小説まで作風は幅広い。受賞に至らなかったものの、「『九字を切る』その他」で昭和二十四（一九四九）年度上半期の直木賞候補になったのは大きな成果であった。

座談の名手、司会の達人としての顔もある。同じ昭和二十四年には、夢声が出席した座談会を集めた『これは面白い　座談会異色集』（京都文藝社）が出版された。この年は、仏文学者の辰野隆《たつのゆたか》、詩人のサトウハチローと宮中に参じ、昭和天皇と面会したときの逸話を語った「座談会　天皇陛下大いに笑ふ」（『文藝春秋』昭和二十四年六月号）も話題となり、座談の名手としての名をさらに高めた。ラジオのクイズ番組『話の泉』（NHK）に回答者として出たのは、座談のうまさを買われてのことである。

還暦を迎える前後から、そのキャリアは第三ステージに入る。昭和二十六（一九五一）年からは、民間放送に出演。同じ年にスタートした『週刊朝日』連載対談「問答有用」では、各界の著名人にインタビューをおこなった。「問答有用」はあしかけ八年、四百回続く人気連載となり、社会的名士としての風格を備えていく。昭和二十八（一九五三）年からテレビの本放送が始まると、いくつものテレビレギュラーを抱えた。マルチタレントの先駆者となるなか、夢声は戦前から続くラジオの物語をこよなく愛した。ファンもまた多かった。唯一無二《ゆいいつむに》の語り芸だったからこそ、吉川英治をはじめとする原作者は、原作に手を加えることを許したのである。朗読とは異なる「物語」というジャンル自体、原作者と語り手のあいだに親交や信頼関係があったからできたことであった。

夢声の物語放送を愛した作家に白井《しらい》喬二《きょうじ》がいる。昭和三十二（一九五七）年、ニッポン放送が白井の『忍術己《こ》来也《らいや》』の放送を企画したさい、《夢声の話術ならいつものことで先《ま》ず無事である》(『さらば 富士に立つ影――白井喬二自伝』六興出版)と期待した。『夢声の忍術こらい也』と題された放送では、セルロイド玩具《がんぐ》や塩せんべいといった小道具を駆使して、語りだけではなく擬音もアレンジした。物語にかける語り手の情熱と創意工夫に脱帽した白井は、このときの逸話を自伝に綴《つづ》っている。

このように仕事では成功をおさめた人が、幼少期から前半生にかけては失意のくりかえしであった。母との別れ、人妻との恋、二度の落第、妻信子と父庄次郎の不仲、次女と妻の早世、人気弁士ゆえのトラブルとストレス、健康状態の悪化と病、睡眠薬を肴《さかな》にウイスキーを暴飲しては、吐血をくりかえす。わが世をはかなんでか、四十代の初めからは俳句をたしなんだ。《さめざめと雨に更《ふ》けたり大晦日《おおみそか》》(昭和九年十二月三十一日)。この年の八月に妻の信子を病で亡《な》くし、三人の娘との年越しを詠《よ》んだものである。信子を若くして弔った夢声は、四十二歳のとき、周囲のすすめもあり森田静枝と再婚する。静枝の亡き夫は、夢声の親友で翻訳家の東健而《ひがしけんじ》である。翌年には静枝とのあいだに長男が生まれ、不幸続きの私生活は平穏な日々となっていく。

放送タレントの三國一朗《みくにいちろう》は、著書『徳川夢聲の世界』(青蛙房)のなかで、《民間放送出演にあれほど忙殺されることがなかったら、あるいは文学もしくは文筆の世界にもっと深入りしていったのではないか》と書く。いっぽうでこう指摘した。《彼は人生のバランスを犠牲にしてまで「文学」しようとは考えなかった》。

幸せな家庭を育《はぐく》みつつ、晩年の人となっていくなか、〝雑〟な仕事は相変わらずだった。直木賞にノミネートされるような意欲作は出なかったものの、身辺雑記、社会時評、自伝的回想録と執筆活動は老いてなお盛んである。依頼があると俳優の仕事を引き受け、タレントとしてラジオ・テレビへの出演を精力的にこなす。

売れっ子タレントのかたわら、ユーモアに長《た》けたスピーチの名人として、さまざまなイベントやパーティーから引っぱりだことなった。「博物館明治村名誉村長」をはじめ、多いときには大小二十あまりの団体役員を引き受けた。会長を務めた「ゆうもあ・くらぶ」のチャリティーイベントでは、サンタクロースに扮《ふん》し、施設に預けられた子どもたちのクリスマスを祝った。夢声が来ると集まりにハクがつき、笑いの人垣が生まれた。

映画説明、漫談、ラジオの物語、ナレーション、俳優、司会、インタビュー、スピーチと、その生涯は話術ひとすじ。執筆活動についても、話術の延長としてこなしたことをつねづね口にした。さまざまなジャンルをこなし、芸能界の第一線を渡り歩いたキャリアは、およそ六十年におよぶ。

昭和二（一九二七）年に自宅を建てて以来、夢声は杉並区天沼《あまぬま》、現在のJR荻窪《おぎくぼ》駅北口近くに暮らした。「夢庵《むあん》」と名づけ、書庫から私設スタジオまで、建て増しに建て増しを重ねる。プロダクションに所属せず、マネージャーはつけず、荻窪からひとりで国電や地下鉄に乗り、仕事先へ出かけた。その習慣は最晩年まで変わらなかった。

NHKの放送文化賞をはじめ、多くの栄誉を受けるなか、昭和四十（一九六五）年に「東京都名誉都民」に選ばれたときは、ことのほか喜んだ。益田生まれの石見人《いわみ》は、生まれ故郷だけでなく、東京を愛した人でもあった。東京タワー、国立劇場、霞が関《かすみせき》ビルと新しい風景が生まれるたびに胸を躍らせ、新宿に建設中だった京王プラザホテルを見上げては、その完成を心待ちにした。

昭和四十六（一九七一）年八月一日、荻窪の隣町にある阿佐ケ谷《あさや》の病院で死去、享年《きょうねん》七十七。東京都府中市の多磨《たま》霊園に眠る。墓石には夢声の筆による「夢」の字が大きく刻まれた。

「夢庵」はビルとなり、すでにない。売れ残ったものを自ら架蔵していたらしい夢声の著書が、近年まで荻窪の古本屋に並んでいた。この町に暮らしていた名残りである。

（平成三十年一月、ライター）

50年の怠慢を経て名著を読む

久米　宏

私が東京放送のアナウンサーになったのは１９６７年の春だった。新人の頃、アナウンサーとして読むべき何冊かの本を教えられた。そのひとつが「徳川夢声さんの話し方の本」だった。正に今回文庫化されたこの『話術』なのだ。先輩から読めと言われていたのに、50年間手にすることがなかった本が手元にやってきた。襟を正して読み始めることにした。

思い返してみると、ただ遊んでばかりいた少年時代に、徳川夢声氏が朗読する「宮本武蔵《むさし》」に夢中になっていた。

調べてみると、夢声氏のラジオでの「宮本武蔵」の朗読は、戦前から戦中にかけてＮＨＫで放送され一世を風靡《ふうび》していた。戦後、民放でも夢声氏は再び武蔵を朗読して、又しても多くのファンを魅了した。

私も、民放で聴いたひとりだった。

武蔵（タケゾウ）と、幼馴染《おさななじみ》のお通《つう》との、いつまでもはっきりしない関係にヤキモキしながらも、次々にやってくる木刀や真剣での立ち合いに手に汗握ったものだった。

夢声氏の「その時、武蔵は……」この口調と声は未《いま》だに頭の中にくっきりと残っている。それから随分時が流れ、20世紀の終わり頃、クルマを運転して、岡山の美作《みまさか》近くにさしかかった時、「武蔵の故郷か……」と胸が高鳴ったほどだ。あの朗読は忘れられない。

さて、50年の怠慢を経て、初めて読んだこの『話術』に取りかかろう。

夢声氏がこれを書いたのは1949年と承知していたのだが、出版元からの連絡で、どうやら初刊はそれより2年前、1947年だと判明した。その後、細かい言い回しなど、夢声氏が手をいれたことは分かっているが、内容は、ほぼ初刊のままと考えてよさそうだ。

私の生まれは1944年で、まあ、物心がついたのが4～5歳といったところだ。

1950年頃ということになる。

その頃の私の記憶は、子供心に「飢え死にするのではないか」という恐怖だった。戦後4〜5年経《た》っても、あの戦争の傷跡は深いままだったのだ。

ところが、戦後2年目に夢声さんはこの本を書いたのだ。そのことに驚愕《きょうがく》する。思わず、夢声氏が夢声さんになってしまった。


冷静な眼力、世情に動じない精神力、溢《あふ》れる知性と教養、かなりの高みから、世の中を、そして自分自身を眺めている。

夢声さんは、29歳の時に関東大震災を、40代から50代にかけて太平洋戦争を体験している。

焼野原になった東京や、大混乱の日本を見つめている皮肉まじりの眼差《まなざ》しも、あの宮本武蔵の朗読の声を思い浮かべると、何故《なぜ》か納得出来るのだ。

この本には書かれていないが、夢声さんが、戦時中に、慰問先のシンガポールで、あのアメリカ映画「風と共に去りぬ」を観《み》ていることを知っている。この映画は、戦後随分たってから日本に入ってきたが、その完成は、あの真珠湾攻撃の2年前だった。

シンガポールで「風と共に去りぬ」を鑑賞した夢声さんは、太平洋戦争の終焉《しゅうえん》を予感していたかも知れない。

だとすれば、戦後2年目の夢声さんのこの落ち着きぶりは、少し納得出来るのだ。


さて、本題に戻る。

この本のタイトルは「話術」。この本が書かれる随分前から、話術というのは夢声さんの代名詞のようなものだった。だから、このタイトル「話術」は、「私―夢声―」としても何の違和感もない。

つまり、夢声さんは話術について話しているのだが、自分自身を語ってもいるのだ。


夢声さんは、博覧強記の知識人で、理性の人であった。

同時に、彼は高座に上がる漫談の芸人でもあった。その夢声さんが、世の中の「話術」を分析している。

政治家の話術、講談師のそれ、浪曲師、落語家、漫才師……、日本国内にとどまらず、それは古今東西に及んでいる。

彼の本業である漫談については、夢声さんはとても悩んでいる。

講談や落語などと違って、漫談には古典もなければ、決まったストーリーもない。

つまり、漫談は、練習も稽古《けいこ》も出来ないというのだ。おまけに、日本のあちこちに「巧《うま》いハナシ手が存在する」、そう夢声さんは認めている。

それでは、話術におけるプロと素人《しろうと》の違いはどこにあるのか。夢声さんは、「それによって生計を立てるか否《いな》か」という一刀両断の結論を示している。

私がアナウンサーになった頃、「ほとんどの日本人が話すことが出来る日本語を話すことで、給料が貰《もら》えるというのはどういうことなのだ」と考え込んだことがあった。夢声さんのこの結論で、少しばかりだが、納得出来たような気がした。

さて、もう一度本題に戻る。

夢声さんは、話し方、話術について、細かく分析し、解説してくれている。

しかし、何回か読み返すと、結局は、話し方ではなく「考え方」について夢声さんが説明している事に気が付くのだ。

つまり、どう話すかは、どう考えるかにかかっている、という極当たり前の結論だ。

この本を読むと、話し方が上達する。それは恐らく間違いない。間違いなく、少しは上達するはずだ。

しかし、それよりも遥《はる》かに上達するには、人の話を聴く力が大切だと説いている。人の話を聴く心と言ってもいい。実は、夢声さんは希代のインタビュアーでもあったのだ。

かなり乱暴だが、私なりのこの本の結論をまとめてみる。

話術を磨く三つの方法。
一、人間性を向上させる。
二、考える力を磨く。
三、人の話をよく聴く。
余談になるが、この本を読んで新発見がふたつあった。

一つは、敬愛する古今亭志ん生さんが、師匠筋ではない橘家圓喬《たちばなやえんきょう》を、自分の師匠だと常々口にしていた。これが私には不可解だった。

夢声さんと六代目菊五郎が、揃《そろ》って圓喬を褒めちぎっている。怖い程の上手《うま》さだったようだ。志ん生さんの憧《あこが》れの師匠だったのだ。

二つ目の発見は、「宮本武蔵」のラジオでの朗読だ。僕は、吉川英治さんの原作を忠実に読んでいるものと思い込んでいた。

夢声さんは、原作を台本ではなく、種本として扱っていたと言っている。

どういうことかというと、夢声さんは、「目で見る文章」を「耳で聴く文章」に変えていたのだ。

武蔵をはじめ、登場人物のセリフも、音で聴いて分かりやすいように変える、更に、情況を説明する地の文も、冗長だと思ったら、青鉛筆で大幅に削っていたというのだ。

確かに、目で活字を追うのと、ラジオで聴くのは大いに違うと思う。

しかし、あの吉川英治氏の原作に手を入れるとは……つまり、ラジオは私がプロだという自信がそうさせたのだろう。

この1冊は、書かれた時代の色や風、そして日本語への愛に満ちている。

この名著の文庫化に大いに感謝する。

（平成三十年一月）

この作品は昭和二十二年六月秀水社より刊行され、その後昭和二十四年六月白揚社より刊行されました。なお、文庫化にあたり、平成十五年二月に白揚社より刊行された『話術〔新装版〕』を底本としました。

【読者の皆様へ】

本作品には、今日の人権意識に照らし、不適切な語句や表現が散見され、それらは、現代において明らかに使用すべき語句・表現ではありません。

しかし、著者が差別意識より使用したとは考え難い点、故人の著作者人格権を尊重すべきであることという点を踏まえ、新潮文庫編集部としては、原文のまま刊行させていただくことといたしました。

決して差別の助長、温存を意図するものではないことをご理解の上、お読みいただければ幸いです。

（新潮文庫編集部）

カバー袖の写真の著作権者が不明です。お心当たりの方は、編集部までご連絡ください。

話《わ》　術《じゅつ》

新潮文庫　　と-31-1

平成三十年四月一日発行

著者　徳《とく》川《がわ》夢《む》声《せい》

発行者　佐藤隆信

発行所　株式会社 新潮社

郵便番号　一六二―八七一一
東京都新宿区矢来町七一
電話　編集部(〇三)三二六六―五四四〇
　　　読者係(〇三)三二六六―五一一一
http://www.shinchosha.co.jp

価格はカバーに表示してあります。

乱丁・落丁本は、ご面倒ですが小社読者係宛ご送付ください。送料小社負担にてお取替えいたします。

印刷・三晃印刷株式会社　製本・株式会社植木製本所

ISBN978-4-10-121361-3 C0195